SO KÄMPFEN
DIE STARS

CHRISTOPH DELP

SO KÄMPFEN DIE STARS

DIE BESTEN KAMPFSPORTTECHNIKEN ZUM SELBSTTRAINING

Einbandgestaltung: Katja Draenert

Umschlagbilder: Erwin Wenzel

Erstkorrektur: Barbara Delp

ISBN 3-613-50436-7

Lektorat: Martin Gollnick
Innengestaltung: Viktor Stern
Druck: Bawa Print & Partner, 83707 Bad Wiessee-Holz
Bindung: Bawa Print & Partner, 83707 Bad Wiessee-Holz
Printed in Slowakia

Danksagung des Verfassers

Ich bedanke mich bei meiner Familie für die Unterstützung, insbesondere bei meiner Schwester Barbara Delp für die Geduld bei der Erstkorrektur, und bei meinem Cousin Richard Delp für die Hilfe bei dem Fotoshooting; bei Oliver Schwarz (Pietsch Verlag) für die Unterstützung bei der Verwirklichung meiner Buchprojekte; bei Martin Gollnick (Pietsch Verlag) für die immer reibungslos ablaufenden Korrekturen; bei Anita Ament und Katja Draenert (Pietsch Verlag) für die gelungene Buchgestaltung; bei dem Fotografen Erwin Wenzel (www.erwinwenzel.de) für die schönen Bilder; bei Antje Schwarzburger (www.dieschwestern.com) für die Beratung bezüglich der Fotoaufnahmen; bei Volkmar Rönsch (Firma Kwon) für die Überlassung von Bildmaterial; und natürlich bei den Sportlern für hervorragende Zusammenarbeit.

INHALT

EINFÜHRUNG

Wissenswertes zu Kampfsportfilmen;
Aufbau des Buches

Der korrupte Polizeichef Richard hat die Tochter der Freundin von Liu Jian, einem chinesischen Topagenten, gekidnappt. Liu Jian tritt alleine gegen den Polizisten und seine Handlanger an, um das Mädchen zu retten. Bis ihm die Befreiung gelingt, muss er Wachposten ausschalten, es mit einer Gruppe trainierender Budokas aufnehmen, zwei Topfighter und zuletzt den Polizeichef besiegen. Diese Szenen beschreiben das Filmende von »Kiss of the Dragon« (2001), einem großen internationalen Kinohit mit Jet Li als Hauptdarsteller.

Bereits seit Ende der 50er Jahre werden Kampfsportfilme in Hongkong gedreht. Dem Einfallsreichtum der Drehbuchautoren waren keine Grenzen gesetzt. Die Kämpfer mussten beispielsweise gegen Geister antreten und sich mit Cowboys oder Ninjas auseinandersetzen. Die Filme fanden jedoch nur ein begrenztes Publikum und wurden deshalb mit eher geringem Budget gedreht. Zahlreiche Kampfsportler durften ihre Fähigkeiten in diesen Filmen zeigen, weltweiter Ruhm blieb den Kämpfern aber verwehrt. Erst Bruce Lee gelang es, ein großes Publikum für diese Art von Filmen zu begeistern.

Bruce Lee – die Legende

Aufmerksam wurde man auf Bruce Lee, als er in einigen kleineren Auftritten in Film- und TV-Produktionen überzeugte, wie beispielsweise als »Kato« in der TV-Serie »The Green Hornet« (1966–1967). Bruce Lee erlernte

Bruce Lee und Chuck Norris im besten Kampf der Filmgeschichte. »The Way of the Dragon«.

Michelle Yeoh und Chow Yun-Fat in »Tiger & Dragon«, dem bislang erfolgreichsten Kampfsportfilm.

die Kampfkunst Wing Chun und entwickelte später seinen eigenen Stil, das Jeet Kune Do. In seinen Filmen verstand er es, die Schlag- und Tritttechniken aus seiner Kampfkunst ebenso spektakulär wie effektiv zu zeigen. Die Filmszenen sind so unterhaltsam und haben trotzdem ihre Glaubwürdigkeit behalten.

Zu Beginn der 70er Jahre gelang Bruce Lee der Durchbruch, Filme wie »The Way of the Dragon« (1973) und »Enter the Dragon« (1973) wurden Welterfolge. In dem Film »The Way of the Dragon« ist der Kampf zwischen Bruce Lee und Chuck Norris zu sehen, der als bester Kampf in der Filmgeschichte angesehen wird. Bruce Lee verstarb im Jahr 1973 auf dem Höhepunkt seines Erfolges und wurde zur Legende.

Die Suche nach dem Nachfolger

Die Filmgesellschaften wollten die Begeisterung nutzen, die Bruce Lee mit seinen Kampfsportfilmen entfacht hatte. Sie waren auf der Suche nach einem Darsteller, der die Rolle von Bruce Lee einnehmen konnte. Zahlreiche Filme wurden in Hongkong gedreht, in denen versucht wurde, den Stil der Bruce-Lee-Filme zu kopieren. Kein Darsteller konnte jedoch beim Publikum ein ähnliches Interesse entfachen und die Erfolge solcher Filme blieben auf den asiatischen Verkaufsmarkt beschränkt.

Jackie Chan erlernte seine Kampfkünste von Kindheit an auf der China Drama Academy (Peking Oper). Im Alter von 17 Jahren verließ er diese Schule, um sich im Filmgeschäft zu etablieren. Zu Beginn der 70er Jahre arbeitete er als Stuntdouble, wobei es ihm gelang, durch besonders waghalsige Stunts die Regisseure auf sich aufmerksam zu machen. So bekam er Mitte der 70er Jahre seine ersten Hauptrollen. Auch Jackie Chan versuchte man nun als Nachfolger von Bruce Lee aufzubauen. Doch richtig erfolgreich wurde er erst ab Ende der 70er Jahre, als man ihn in seinem eigenen Stil agieren ließ. Jackie Chan präsentierte nun Kung-Fu auf humorvolle Weise und hatte mit »Drunken Master« (1978) seinen ersten großen Filmhit auf dem asiatischen Markt. Nach diesem Erfolg war man auch in den Hollywood-Studios auf ihn aufmerksam geworden und engagierte ihn für den Film »Battle Creek Brawl« (1980). Diese Produktion war jedoch ein Flop, und auch mit einer kleinen Rolle als japanischer Fahrer in Cannonball Run (1981) konnte er sich noch nicht auf dem amerikanischen Markt durchsetzen.

In Hongkong hingegen gelang Jackie Chan der große Durchbruch mit den Filmen »Winners and Sinners« (1984) und »Wheels on Meals« (1984). In beiden Filmen wirkten Sammo Hung und Yuen Biao mit, die ihre Kampfkünste zusammen mit Jackie Chan in der China Drama Academy erlernt hatten. In »Wheels on Meals« kommt es zum legendären Kampf zwischen Jackie Chan und dem amerikanischen Vollkontaktkämpfer Benny Urquidez, der als der zweitbeste Kampf in die Filmgeschichte eingegangen ist.

Die Blütezeit der B-Movies

Auf dem amerikanischen Markt konnte sich in den ersten Jahren nach Bruce Lee kein Kampfsportler als Filmstar etablieren. Erste Erfolge verzeichnete der mehrfache Karateweltmeister Chuck Norris ab den 80er Jahren mit den Filmen »Lone Wolf McQuade« (1982), »Missing in Action« (1984) und »Delta Force« (1986), in denen er als wortkarger Einzelkämpfer agierte. Der schwedische Vollkontakt-Karatekämpfer Dolph Lundgren wurde mit seinem Auftritt als russischer Boxer Drago in »Rocky IV« (1985) berühmt. Ralph Macchio begeisterte zahlreiche Fans mit seiner Darbietung als Karate-Schüler Daniel in »The Karate Kid« (1984). Der Karate-Meister, der Daniel mit unkonventionellen Methoden auf ein Karateturnier vorbereitet, wird von dem Karateka Noriyuki »Pat« Morita dargestellt. Der Erfolg dieses Filmes veranlasste die Produzenten, noch drei Fortsetzungen zu drehen.

Dolph Lundgren als Ivan Drago in »Rocky IV«.

Steven Seagal in »Hard to Kill«.

Michael Dudikoff ist den Zuschauern vor allem mit seinen Auftritten in »American Fighter I« (1985) und »American Fighter II« (1987) in Erinnerung geblieben. Mitte der 80er Jahre wurden zwar zahlreiche Kampfsportfilme gedreht, jedoch vorwiegend mit geringem Etat und oft direkt für den Videomarkt. Hervorzuheben sind aus diesen Low-Budget-Produktionen auch die Filme »No Retreat No Surrender« (1985), »Bloodsport« (1988) und »Kickboxer« (1989), in denen der belgische Karate-Sportler Jean-Claude van Damme mitwirkte. Der weltweite Erfolg des Filmes »Bloodsport« ebnete ihm den Weg zu seiner Filmkarriere. In diesem Film nimmt er als Frank Dux an einem Turnier der besten Vollkontaktsportler in Hongkong teil. Sein beeindruckender Gegner Chong Li im Endkampf wird von Bolo Yeung gespielt, der bereits im Bruce-Lee-Film »Enter the Dragon« mitgewirkt hatte.

Aber auch andere Kampfsportler hatten Überraschungshits. Steven Seagal, ein Meister in japanischen Kampfkünsten, schaffte mit »Above the Law« (1988) und »Hard to Kill« (1989) den Einstieg in das Filmgeschäft. Der ehemalige Kickbox-Star Don »The Dragon« Wilson wurde mit seiner »Bloodfist«-Reihe als Darsteller bekannt. Insbesondere seine Filme »Bloodfist I« (1989) und »Bloodfist III« (1991) waren bei den Fans beliebt. Auch der Film »Best of the Best I« (1989) mit Phillip Rhee konnte ein großes Publikum begeistern, so dass in den folgenden Jahren noch drei weitere Teile gedreht wurden. Unvergessen ist der Einstieg des französischen Kickbox-Weltmeisters Olivier Gruner ins Filmgeschäft. In dem Film »Angel Town« (1989) muss er sein gesamtes Können aufbieten, um seine Vermieterin vor einer Gang zu beschützen.

Jackie Chan war im asiatischen Raum mittlerweile zu einem Superstar geworden und hatte weitere Filmhits, beispielsweise »Police Story I« (1985). Auch international wurde er immer bekannter, so dass er einen weiterer Versuch unternahm, sich in Amerika durchzusetzen. Jedoch misslang dies mit dem Film »The Protector« (1985). Die anschließend in Hongkong produzierten Filme, u.a. »Dragons Forever« (1988), hatten wieder den gewohnten Erfolg auf dem asiatischen Markt.

Die ersten Frauen, die als Action-Heldinnen ein großes Publikum begeistern konnten, waren Michelle Yeoh, auch bekannt als Michelle Khan, und Cynthia Rothrock. Ihr gemeinsamer Auftritt in der Hongkong-Produktion »Yes Madam« (1985) wurde zu einem riesigen Erfolg und machte sie beide schlagartig berühmt. Michelle Yeoh, eine ehemalige Miss Malaysia, begann mit intensivem Kung-Fu-Training erst einige Monate vor dem Filmdreh. Von diesem Zeitpunkt an hat Sie aber Ihre Kampfkünste immer weiter verbessert, so dass Sie ihr Können in neuen Rollen bis zum Ende der 80er Jahre zeigen durfte, bevor sie sich für einige Jahre aus dem Filmgeschäft zurückzog. Auch Cynthia Rothrock, ein Star der internationalen Kampfkunstszene im Formenbereich, wirkte noch in den folgenden Jahren in zahlreichen Produktionen mit.

Chow Yun-Fat hatte einen vielbeachteten Auftritt in dem Film »A Better Tomorrow« (1986). Sein ausdrucksstarker Auftritt als Action-Darsteller verhalf ihm zu einer weltweiten Karriere im Filmgeschäft und ermöglichte es ihm, in zahlreichen Filmhits auch als Kampfsportdarsteller mitzuspielen.

Auf dem Weg nach oben

Jackie Chan wirkte zu Beginn der 90er Jahre in zahlreichen Filmen mit. In »City Hunter« (1992) muss er ein Luxusschiff von Terroristen befreien, deren Anführer von den Kampfsportassen Gary Daniels und Richard Norton gespielt werden. Mit dem Film »Police Story III – Supercop« (1992) hatte er einen riesigen Erfolg auf dem asiatischen Markt. Als Darsteller neben Jackie Chan trat Michelle Yeoh in ihrem vielbeachteten Film-Comeback auf. Von diesem Film blieben insbesondere die spektakulären Stunts in Erinnerung. Jackie Chan hing mit einer Leiter an einem Helikopter und flog so über der malaysischen Hauptstadt Kuala Lumpur. Michelle Yeoh landete mit einem Motorrad auf einem fahrenden Zug. Weitere erfolgreiche Filme mit Michelle Yeoh folgten, beispielsweise trat sie zusammen mit dem Wu-Shu-Star Jet Li in dem Film »Tai Chi Master« (1993) auf.

Jet Li war seit seiner Kindheit intensiv im Wu Shu in Beijing ausgebildet worden und gewann zahlreiche chinesische Meisterschaften in dieser Kampfkunst. Bis heute ist er der erfolgreichste Sportler im Wu Shu unter den Millionen von Menschen, die diese Kampfkunst in China trainieren. Im Verlauf der 80er

Jean-Claude van Damme als Leon in »Lionheart«.

Jahre wirkte er in mehreren Kampfsportfilmen mit, sein Durchbruch als Darsteller gelang ihm mit dem Film »Once Upon a Time in China I« (1990). In den nächsten Jahren spielte er zahlreiche Hauptrollen in Hongkonger Filmproduktionen und wurde auf dem dortigen Markt zu einem Superstar.

Auf dem amerikanischen Markt hatte Jean-Claude van Damme einen Hit mit dem Film »Lionheart« (1990), in dem er einen Fremdenlegionär darstellt, der bei illegalen Kämpfen Geld zur Unterstützung seiner Familie verdient. Mit dem Film »Universal Soldier I« (1992), in dem als Gegenspieler Dolph Lundgren auftrat, konnte van Damme seine Marktposition weiter festigen. Auch der von dem Regisseur John Woo inszenierte Film »Hard Target« (1993) war ein Erfolg an den Kinokassen.

Steven Seagal hatte Kassenerfolge mit den Filmen »Marked for Death« (1990) und »Under Siege« (1992). In »Under Siege« spielt er einen Koch, der auf einem amerikanischen U-Boot gegen Terroristen kämpft und diese mit seinen Budofähigkeiten besiegt. Dieser Film wurde zum erfolgreichsten Steven-Seagal-Film, und es wurde ein zweiter Teil gedreht mit dem Titel »Under Siege II – Dark Territory« (1995).

Die Hauptrolle in der Fortsetzung des Films »Kickboxer« übernahm Sasha Mitchell. In dem Film »Kickboxer II« (1991) muss er als David Sloan in einem Prestigekampf gegen Tong Po antreten, der seine beiden Brüder Eric und Kurt, die Hauptfiguren aus dem ersten Teil, ermordet hat. Dabei zeigt Sasha Mitchell seine Kick- und Thai-Box-Fähigkeiten so überzeugend, dass noch zwei weitere Filme dieser Reihe mit ihm als Hauptdarsteller gedreht wurden. Diese Filme hatten zwar kein sehr großes Publikum, waren jedoch bei Kampfsportfans beliebt.

Zahlreiche Auftritte in Kampfsportfilmen hatte auch Schwarzgurtträger Lorenzo Lamas. Bekannt für seine herausragenden Kicktechniken wurde er aber insbesondere in der Fernsehserie Renegade (1992–1997), in der

Das Bild zeigt einen Halbkreistritt zum Kopf. Diese Technik gehört zum Repertoire eines jeden Kampfsport-Darstellers. In »Kickboxer II« beispielsweise tritt so Tong Po (Michel Quissi) seinen Gegner Brian zu Boden.

er als Kopfgeldjäger entflohene Verbrecher jagt und diese mit Kampfsporttechniken stellt.

Marc Dacascos hatte seine ersten nennenswerten Filmauftritte in den 90er Jahren. In »Only the Strong« (1993) überzeugte er mit Capoeira-Fähigkeiten, und in Kickboxer 5 (1994) mit allgemeinem Budokönnen. Er lernte ursprünglich Kung Fu von seinem Vater Al Dacascos, dem Gründer des Stils Wun Hop Kuen Do, und war vor seiner Filmkarriere ein Formenstar mit zahlreichen internationalen Erfolgen. Später bildete sich Marc Dacascos in unterschiedlichen Kampfkünsten, wie beispielsweise dem Capoeira, weiter.

Wesley Snipes beweist seine herausragenden Kampfsportfähigkeiten in dem Film »Passenger 57« (1992). In diesem Film spielt er einen Anti-Terror-Spezialisten und befreit ein Flugzeug von Entführern. Dabei gelingt es ihm mehrfach, mit unkonventionellen Schlag-, Stoß- und Tritttechniken einzelne Entführer in Zweikämpfen zu besiegen.

Der Sprung in die A-Klasse

Jackie Chan schaffte mit »Drunken Master II« (1994) den internationalen Durchbruch. Der Film ist besonders für seinen außergewöhnliche Schlusskampf bekannt und wird von zahlreichen Fans als der beste Jackie-Chan-Film erachtet. Mit der folgenden Produktion »Rumble in the Bronx« (1996) etablierte er sich auch auf dem amerikanischen Markt und konnte zahlreiche neue Fans gewinnen. In diesem Film hilft Jackie Chan einer jungen Supermarktbesitzerin, die von einer Gang terrorisiert wird. Spätere Filme wie »Rush Hour I« (1998) und »Rush Hour II« (2001) machten Jackie Chan zu einem Weltstar.

Weitere Berühmtheiten auf dem asiatischen Markt schafften in den nächsten Jahren den internationalen

Durchbruch. Michelle Yeoh beeindruckte die Zuschauer mit ihren Kampfsportfähigkeiten in dem Bondfilm »Tomorrow Never Dies« (1997). Chow Yun-Fat zeigte sein schauspielerisches Können zum ersten Mal in einer amerikanischen Produktion in dem Action-Film »The Replacement Killers« (1998).

Beide zusammen agieren als Hauptdarsteller in dem Kampfsportfilm »Crouching Tiger, Hidden Dragon« (2000), der mit vier Oscars prämiert wurde. Dieser Film handelt von der Gouverneurstochter Jen, die aus den familiären Zwängen ausbrechen will, um ein freies Leben als Schwertkämpferin zu führen, und der unglücklichen Liebe zwischen den Kämpfern Yu Shu Lien (Michelle Yeoh) und Li Mu Bai (Chow Yun-Fat). Die Kampfkunstszenen in diesem Film sind außergewöhnlich und setzten neue Maßstäbe. Zhang Ziyi, die Darstellerin von Jen, wurde durch diesen Film zum Superstar und in weiteren Kampfsportfilmen wie »Rush Hour II« oder »Hero« (2003) besetzt.

Jet Li wurde mit seinem Auftritt in dem Film »Leathal Weapon IV« (1998) in der westlichen Welt bekannt. Auch die Filme »Romeo Must Die« (2000) und »Kiss of the Dragon« (2001) hatten weltweit große Zuschauerzahlen. In »Kiss of the Dragon« spielt er einen chinesischen Topagenten, der sich gegen eine Vielzahl korrupter Polizisten in Paris zur Wehr setzen muss. Dabei überzeugt er in dem aufwendig produzierten Actionspektakel mit außergewöhnlichen Techniken. 2003 ist Jet Li in den Produktionen »Cradle 2 The Grave« und »Hero« zu sehen.

Den Status eines Superstars besitzt auch der westliche Kampfsportler Wesley Snipes. Er beeindruckt mit seiner Kunst in den Filmen »Blade I« (1998) und »Blade II« (2002), in denen er einen Vampirjäger darstellt. In »Blade II« ebenso wie in »Hero« wirkt auch der Wu-Shu-Experte Donnie Yen mit, der es aufgrund seiner beeindruckenden Kampftechniken in den nächsten Jahren in die Top-Riege der Martial-Arts-Schauspieler schaffen könnte.

Marc Dacascos ist mittlerweile einem großen Publikum bekannt, insbesondere sein Auftritt in der erfolgreichen französischen Produktion »Le Pacte des Loupes« (2001) hat dazu beigetragen. Dieser Film spielt im Jahr 1766 in Frankreich, eine mysteriöse Bestie terrorisiert eine entlegene Provinz. Der Forscher Fronsac untersucht zusam-

Marc Dacascos als Mani in »Le Pacte des Loupes«.

men mit seinem indianischen Blutsbruder Mani (Marc Dacascos) den Fall. Seine Kampfkunst-Fähigkeiten muss Mani dabei mehrfach unter Beweis stellen. Auch in dem Film »Cradle 2 The Grave« wirkt Marc Dacascos mit, er spielt die Rolle des skrupellosen Gangsters Ling.

Die Filmhelden Jean Claude van Damme und Steven Seagal drehen weiterhin erfolgreich Filme, wenn auch nicht mehr mit den gleichen Zuschauerzahlen wie zu Beginn der 90er Jahre. Steven Seagal war beispielsweise in dem Film »Exit Wounds« (2001) zu sehen, in dem als sein Gegner der Schwarzgurtträger und erfolgreiche Sportler Michael Jai White auftritt.

2003 sorgte die Kampfsport-Hommage von Quentin Tarantino »Kill Bill« für Aufsehen, in der zahlreiche legendäre Stars aus Filmproduktionen der 70er Jahre mitwirkten, ebenso hatte Michael Jai White darin eine Rolle.

All diese Darsteller konnten eine so große Begeisterung für den Kampfsport entfachen, dass Actionfilme

Jennifer Garner und Ben Affleck in »Daredevil«.

ohne spektakuläre Schlag-, Stoß- und Tritttechniken heute kaum noch vorstellbar sind. Auch bekannte Hollywood-Schauspieler, die keine Kampfkunst beherrschen, passen sich den Anforderungen des Filmgeschäftes an und zeigen nun solche Techniken. Cameron Diaz und Drew Berrymore führen beispielsweise in »Charlie´s Angels« (2000) spektakuläre Techniken aus. Lucy Liu hingegen, der dritte »Engel«, ist in der indonesischen Kampfkunst Kali-Escrima-Silat geübt. Keanu Reeves in »Matrix« (1999) und Tom Cruise in »Mission Impossible II« (2000) sind Beispiele männlicher Akteure hierfür. Ebenso präsentieren Jennifer Garner und Ben Affleck in »Daredevil« (2003) Kampfsporttechniken.

Damit diese Akteure das Publikum mit Martial Arts begeistern können, arbeiten spezielle Kampf-Choreographen die Szenen aus. Die Schauspieler werden dann in den benötigten Szenen intensiv geschult. Schwierige Darbietungen werden von erfahrenen Kampfsportlern ausgeführt, die als Kampfdouble arbeiten. Die erfolgreiche Formen-Sportlerin Nikki Berwick arbeitete als Double in »Lara Croft« (2001), »The Mummy Returns«

(2001) und »Black Mask II« (2001). In »Black Mask II« wirkte auch der Martial-Arts-Champion Patrick Gayle mit, Darsteller in dem Buch »Bodytraining für Zuhause« (2001). Die Arbeit als Kampfdouble ermöglicht den Sportlern den Einstieg ins Filmgeschäft. Gelingt es Ihnen, dabei auf sich aufmerksam zu machen, wie dies zu Beginn der 70er Jahre Jackie Chan schaffte, besteht die Möglichkeit zu einer großen Filmkarriere.

Auch Serien für das Fernsehen, in denen sich die Stars mit Budofähigkeiten auszeichnen, werden mittlerweile mit hohem finanziellen Aufwand gedreht. Insbesondere entstanden zahlreiche Serien, in denen die Hauptdarstellerin als weibliche Heldin im Stile einer Michelle Yeoh agiert, beispielsweise zeigt Sarah Michelle Gellar ihre Taekwondo-Fähigkeiten in der Serie »Buffy« (ab 1997) und Kelly Hu ihr Karate-Können in den Serien »Nash Bridges« (1996) und »Martial Law« (1998). Auch Tia Carrere als Sydney Fox in »Relic Hunter« (1999), Jessica Alba in »James Cameron's Dark Angel« (2001) und Jennifer Garner in »Alias« (2001) überzeugen mit Budotechniken.

Im Unterschied zu früheren Jahrzehnten gehören einige Kampfsportler mittlerweile zur obersten Riege im Filmgeschäft. Jackie Chan, Jet Li, Michelle Yeoh und Wesley Snipes sind Superstars. Ihre Filme werden weltweit von Millionen von Kinozuschauern gesehen, und dementsprechend haben sich auch Ihre Gagen entwickelt. Jackie Chan soll für »Rush Hour II« eine Gage von über 15 Millionen US-Dollar erhalten haben und für die folgenden Filme sogar noch mehr. Die Begeisterung, die diese Filme entfacht haben, zeigt sich auch darin, dass die Mitgliederzahlen in den Gyms steigen und die unterschiedlichsten Kurse mit Kampfsportinhalten in den Fitnessstudios angeboten werden.

Jet Li in »Hero«.

Die besten Techniken

Dieses Buch widmet sich den großartigen Techniken aus den Kampfkünsten, die in den Filmen zu bewundern sind. Es wurden die Schläge, Stöße und Tritte ausgewählt, die häufig zu sehen sind. Die Techniken stammen aus unterschiedlichen Stilen, wie beispielsweise aus dem Boxen, Karate, Kickboxen, Kung-Fu, Ju-Jutsu, Taekwondo und Muay Thai. Die Darsteller zeigen nicht nur Darbietungen aus ihrer ursprünglichen Kampfkunst, sondern versuchen, mit einem großen Technikrepertoire die Zuschauer zu unterhalten. Der Karateka Jean-Claude van Damme führt beispielsweise in »The Quest« (1996) zahlreiche Lowkicks im Stil eines Muay-Thai-Kämpfers aus.

Mit den Filmen müssen die Zuschauer begeistert werden, was erfordert, dass die Darsteller die Techniken spektakulär ausführen. Hierzu kann der Schauspieler beispielsweise den Trittverlauf verzögern. Die Techniken werden je nach Anforderung des Films mehr akrobatisch oder mehr traditionell gezeigt. Im Unterschied zur Ausführung im realen Zweikampf erlaubt der Film die akrobatische Ausführung. Der Kämpfer kann mit den Armen Schwung holen oder die Beine vor dem Absprung tief senken. In einem echten Vollkontaktkampf würde der Gegner bei einer solchen Ausführung den Technikansatz sehen und könnte sich entsprechend verteidigen beziehungsweise die Technik unterbinden.

In diesem Buch werden die Techniken Schritt für Schritt von Kampfsport-Champions gezeigt. Wenn es Unterschiede zwischen akrobatischer beziehungsweise technischer Ausführung gibt, wird darauf eingegangen. Die Darsteller Christian und Steffen stammen aus dem akrobatischen Kampfsport, sie sind erfolgreiche Sportler in den Musik-Formen (Freestyle-Karate). Martin und Giovanni sind Wettkämpfer im Kickboxen und zeigen die Techniken im traditionellen Stil. Die Unterschiede in den Ausführungen werden insbesondere bei den Sprungtechniken deutlich, indem die akrobatischen Sportler durch Schwung holen und tiefes Beugen der Beine höher und weiter und somit spektakulärer springen.

Zur Benutzung dieses Buches

Das Buch informiert im ersten Abschnitt über Wissenswertes zur Trainingsplanung und gibt Tipps für die Zusammenstellung der Ausrüstung sowie den Einsatz von Trainingsgeräten.

In den folgenden Abschnitten werden die besten Techniken aus den Kampfsportfilmen vorgestellt. Gehen Sie bei deren Training so vor, dass Sie zuerst die Basic-Techniken erlernen. Beherrschen Sie diese, beginnen Sie einige der Techniken für Fortgeschrittene zu trainieren. Gelingt es Ihnen beispielsweise, einen gedrehten Hakentritt ausführen, können Sie diesen auch im Sprung üben. Bei der Bezeichnung der Techniken wurde die deutsche Sprache benutzt, da die Techniknamen in den verschiedenen Kampfstilen unterschiedlich sind.

Im abschließenden Kapitel wird Ihnen gezeigt, wie Sie eine Trainingsstunde gestalten. Dabei wird Ihnen auch ein Dehnprogramm für Einsteiger angeboten, mit dem Sie sich auf das Training vorbereiten können.

DER BEGINN

*Ein Blick auf Trainingsplan,
-ausrüstung und -geräte*

Zahlreiche Kinobesucher sind von den Stars aus den Kampfsportfilmen und deren Techniken begeistert und beginnen deshalb, Kampfsport zu trainieren. Ob das vorrangige Ziel dabei nun die Verbesserung der allgemeinen Körperfitness ist, das Lernen von Selbstverteidigung oder die Gewichtsreduktion, in jedem Fall muss zur Erreichung des Ziels langfristig und kontinuierlich trainiert werden.

Mit Spaß dabei

Als Grundlage für ein erfolgreiches Trainingsprogramm müssen Sie zuerst Ihre Ziele festlegen. Hierbei ist es entscheidend, was Sie erreichen möchten, wie viel Zeit und Energie Sie dafür einsetzen können und in was für einem Fitnesszustand sich Ihr Körper befindet. Legen Sie sich realistische Ziele fest, da Sie sonst bald ihre Trainingsmotivation verlieren werden und mit den Budoübungen aufhören.

Gehen Sie bei Ihrem Training so vor, dass Sie in den ersten Wochen ausschließlich solche Übungen aus dem Kapitel der Grundtechniken ausführen, die Ihnen leicht fallen. Beginnen Sie beispielsweise erst mit Fußtechniken in Körperhöhe und führen Sie diese erst dann zum Kopf aus, wenn Ihr Körper die dafür notwendige Beweglichkeit erreicht hat. Auch die in diesem Buch abgebildeten Kampfsport-Champions mussten jahrelang ihre Kampfkunst trainieren, um die Techniken in Perfektion zeigen zu können.

Damit sich Ihre Beweglichkeit steigert, müssen Sie regelmäßig ein umfangreiches Dehnprogramm ausführen, wie es im sechsten Kapitel beschrieben wird. Wie beweglich Sie dabei werden, ob Sie beispielsweise lernen, einen Spagat wie Jean-Claude van Damme in dem Film »Bloodsport« während des Kampfes mit dem Sumo-Sportler auszuführen, hängt von Ihren körperlichen Voraussetzungen ebenso ab wie von den Schwerpunkten

Oben: Christian zeigt einen seitlichen Spagat.

Rechts: Der Mediengigant Elliot Turner will einen Krieg zwischen China und Großbritannien anzetteln. Die chinesische Agentin Wai Lin (Michelle Yeoh) übernimmt gemeinsam mit James Bond die Ermittlungen gegen Turner. »James Bond 007 – Der Morgen stirbt nie (Tomorrow Never Dies)«.

und der Regelmäßigkeit Ihres Trainings. Es gibt jedoch auch zahlreiche erfolgreiche Vollkontaktsportler, die nicht die Beweglichkeit besitzen, um einen Spagat auszuführen. Wichtig ist in jedem Fall auch, dass Sie Ihr Training nicht übertreiben und es an Ihre körperlichen Voraussetzungen und an Ihre Fitness anpassen. Der Körper muss sich langsam an die neuen Anforderungen gewöhnen, da ansonsten die Gefahr besteht, sich zu verletzen. Die gewünschten Leistungsverbesserungen werden Sie durch regelmäßiges und ausgewogenes Training erreichen.

Um Ihre Leistungsfortschritte überprüfen zu können, legen Sie sich am besten ein Trainingstagebuch an und notieren Sie darin Ihre Ziele. Zahlreiche Wettkampfsportler, gleich aus welcher Sportart, führen ein Trainingstagebuch. In einem solchen Buch kann alles Wichtige rund um das Training notiert werden, beispielsweise welche Übungen mit welcher Intensität ausgeführt wurden. Ebenso können Sie auch Eintragungen zu Ihrem Gewicht und zur Ernährung machen, was insbesondere dann wichtig ist, wenn Sie abnehmen wollen. Dafür bietet es sich auch an, den Körper regelmäßig nach einer Körpercheck-Liste zu vermessen (vgl. Delp, »Bodytraining für Zuhause«, 2002).

Überprüfen Sie nun in regelmäßigen Zeitabständen, ob Sie Ihre Ziele erreicht haben. Ist dies nicht der Fall, können Sie anhand Ihrer Eintragungen herausfinden, woran es gelegen hat. Nehmen Sie entsprechende Veränderungen an Ihrem Trainingsprogramm vor oder korrigieren Sie Ihre notierten Ziele. So setzen Sie sich keinem unnötigem Druck aus und behalten den Spaß am Training. Indem Sie bewusst trainieren und sich detaillierte Notizen zu Ihrem Training und zu den Begleitumständen machen, werden Sie mit der Zeit auch Ihren Körper besser verstehen lernen. Ihnen wird auffallen, zu welchen Tageszeiten Sie die besten Leistungen erbringen können, wie lange Sie zwischen Trainingseinheiten pausieren müssen und welche Ernährung für Sie geeignet ist. Dieses Vorgehen wird Ihnen helfen, langfristig erfolgreich zu trainieren.

Für Ihre Aufzeichnungen entwerfen Sie am besten eine Trainingstabelle, deren Aufbau Ihre individuellen Anforderungen berücksichtigt. Die abgebildete Tabelle soll Ihnen als Anregung für Ihren eigenen Entwurf dienen. Sie können in Ihrer Tabelle auch Notizen zur Ernährung machen, ebenso wie zum Gesundheitszustand und zu außergewöhnlichen Aktivitäten, wie beispielsweise einem Discobesuch am Abend vor dem Trainingstag. Füllen Sie eine solche Tabelle nach jeder Trainingseinheit aus und heften Sie diese in ihrem Tagebuch ab.

Datum:	Übungen/Kombinationen:		Dauer/Intensität:	Anmerkungen
Warm-Up	Erwärmen			
	Stretchen			
Hauptphase	Techniktraining			
	Schattenboxen			
	Sandsacktraining			
	Pratzentraining			
Cool-Down	Muskelworkout			
	Stretching			
	Abwärmen			

Die Ausrüstung

Bekleidung: Für Ihr Kampfsporttraining können Sie als Oberbekleidung ein kurzes T-Shirt aus Baumwolle tragen. Als Hose bietet sich eine bereits vorhandene Sporthose an, bei deren Auswahl Sie darauf achten müssen, dass sie weder zu eng noch zu weit sitzt. Ansonsten würden Sie durch die Passform der Hose bei der Ausführung Ihrer Kicktechniken gestört. Im Fachhandel ist aber auch speziell für das Kampfsporttraining angefertigte Kleidung erhältlich, ein Karateanzug kostet dort ab zirka 55 Euro, eine lange Kickboxhosen ab zirka 45 Euro und kurze Thai-Box-Hosen ab zirka 25 Euro.

Schuhe: Die Übungen können barfuß oder in Sportschuhen ausgeführt werden. Für Tritttechniken sollten jedoch keine handelsüblichen Joggingschuhe getragen werden, da diese eine dicke Polsterung besitzen. Nutzen Sie möglichst Schuhe, die mit wenig Ausstattung hergestellt sind, so dass Sie bei den Tritttechniken das Treffen des Widerstandes spüren. Am besten sind Schuhe geeignet, die für das Taekwondo-Training entwickelt wurden. Diese Schuhe sind ab zirka 45 Euro im Fachhandel erhältlich.

Giovanni beim Tapen.

Tapes: Es ist ratsam, dass Sie sich für Ihr Training die Hände tapen, um Verletzungen an Hand- und Fingergelenken zu vermeiden. Für einen Vollkontakt-Wettkampf werden üblicherweise lange Bandagen verwendet, deren Befestigung und Sitz der Trainer genau überprüft. So wird sichergestellt, dass der Kämpfer bestmöglich geschützt ist und ein gutes Gefühl in den Händen besitzt. Für das Training genügen jedoch zwei kurze Standard-Tapes aus dem Fachhandel für etwa 8 Euro.

Achten Sie beim Anlegen der Tapes darauf, dass die Handgelenke und die Fingerknöchel geschützt werden. Wenn Sie Schwierigkeiten beim Tapen haben sollten, können Sie Fachliteratur zum Tapen über den Buchhandel beziehen.

Sandsackhandschuhe: Für das Training an Geräten wie Sandsack, Maisbirne und Pratzen werden üblicherweise Sandsackhandschuhe benutzt. Diese sind in akzeptabler Qualität ab zirka 35 Euro im Fachhandel erhältlich. Sie können stattdessen auch Boxhandschuhe verwenden, die im Vergleich jedoch teurer sind und deshalb von aktiven Sportlern nur für das Partnertraining und den Wettkampf benutzt werden. Ein weiterer Grund, sich sowohl Sandsackhandschuhe als auch Boxhandschuhe zuzulegen, ist, dass im Partnertraining ebenso wie im Wettkampf ausschließlich neuwertige Boxhandschuhe benutzt werden dürfen. Bei dem Einsatz von beschädigten Schützern besteht ansonsten die Gefahr, den Partner beziehungsweise den Gegner zu verletzen.

Handschutz: Trainieren Sie in einem Verein oder zu Hause mit Kontakt, benötigen Sie Faustschützer.

Im Kickboxen, Boxen und Muay Thai werden Boxhandschuhe als Faustschützer genutzt. Für das Training werden üblicherweise Modelle von 16 oder 18 Unzen getragen, um den Partner, ebenso wie sich selbst, bestmöglich zu schützen. Im sportlichen Wettkampf werden stattdessen kleine und leichte Boxhandschuhe getragen. Abhängig von der Gewichtsklasse des Sportlers sind Modelle mit acht oder zehn Unzen im Regelwerk vorgeschrieben. Die Auflagen der Boxhandschuhe für den Wettkampf sind strenger als die Auflagen für die Boxhandschuhe zum Training. Aufgrund dessen ist auch die Herstellung der Wettkampf-Modelle aufwendiger und sie werden von den Anbietern entsprechend teurer verkauft. Ein Paar Boxhandschuhe für den Wettkampf kostet ab zirka 80 Euro, eines für das Training ab zirka 55 Euro.

Für andere Kampfkünste mit Faustkontakt, wie beispielsweise Karate, gibt es spezielle Schützer, die ab zirka 25 Euro erhältlich sind.

Mundschutz: Für das Kontakttraining benötigen Sie einen Mundschutz. Damit dieses Produkt Ihnen optimalen Schutz gewährleistet, muss es exakt Ihrer Gebissform angepasst sein. Zum Selbstanpassen gibt es die günstigsten Modelle bereits ab zirka 15 Euro, es sind jedoch auch weitaus aufwendigere Modelle erhältlich. Sie können sich beispielsweise von Ihrem Zahnarzt einen Mundschutz nach vorherigem Gebissabdruck anfertigen lassen, der Preis hierfür beträgt ab zirka 300 Euro.

Tiefschutz: Trifft Sie der Gegner im Genitalbereich, gleich ob beabsichtigt oder nicht, kann dies zu ernsthaften Verletzungen führen. Deshalb müssen Sie sowohl im Wettkampf als auch im Training einen Tiefschutz tragen. Die einfachsten Modelle sind ab zirka 10 Euro erhältlich, aufwendigere Modelle, insbesondere die für die Profiboxer, können über 100 Euro kosten.

Kopfschutz: Wenn Sie im Training Techniken zum Kopf üben, sollten Sie einen Kopfschutz tragen. In den

Vollkontaktsportarten ist ein Kopfschutz im Amateur-bereich vorgeschrieben, im professionellen Bereich hin-gegen wird üblicherweise darauf verzichtet. Der Preis für ein einfaches Modell beträgt zirka 50 Euro.

Für intensives Boxsparring lohnt sich der Kauf eines sehr dicken Kopfschützers, der im Fachhandel ab zirka 70 Euro verkauft wird. Auch professionelle Boxer tragen stark gepolsterte Modelle, meistens jedoch qualitativ sehr hochwertige, die erheblich teurer sind.

Fuß- und Schienbeinschutz: Zum Training können Fuß- und Schienbeinschoner eingesetzt werden. Dies ist im Amateur-Wettkampfbereich in einigen Kampfsport-arten vorgeschrieben, wie beispielsweise im Muay Thai und im Kickboxen. Im professionellen Bereich ist das Tragen von solchem Schutz nur selten zulässig. Ein einfa-ches Modell, in dem Fuß- und Schienbeinschutz kombi-niert sind, ist im Fachhandel ab zirka 20 Euro erhältlich, aufwendige Modelle kosten jedoch wesentlich mehr.

Martin präsentiert hier die Wettkampfausrüstung für das Kickboxen im Amateur-bereich. Tiefschutz, Fuß- und Schienbeinschützer werden im Kampf unter der Hose getragen.

Die Trainingsgeräte

Im Folgenden werden Ihnen einige Geräte vorgestellt, die Sie für Ihr Training einsetzen können und die teilweise auch in diesem Buch zum Vorstellen der Techniken genutzt werden.

Sandsack

Ein Sandsack dient dazu, Kraft und Ausdauer in der Technikausführung zu trainieren. Dieses Gerät wird in fast allen Kampfsportarten zum Üben der Techniken genutzt.

Größe: Damit Sie ein komplettes Training mit Kick-techniken in Beinhöhe ausführen können, benötigen Sie einen Sandsack mit einer Länge von mindestens 1,50

Meter. Dieser Sack sollte einen großen Umfang haben, so dass an ihm alle möglichen Faust-, Ellbogen-, Knie- und Tritttechniken trainierbar sind. Außerdem sollte der Sack möglichst schwer sein, wodurch die Techniken mit größ-tem Krafteinsatz ausgeführt werden können. Diese Modelle wiegen im Handel gefüllt oft über 50 Kilogramm. Wenn Sie jedoch nicht die Aufhängungsmöglichkeiten für ein derartig schweres Gerät besitzen, bietet sich ein Sack mit der Länge von 1,20 Meter an. An diesem Sack können Sie alle Techniken trainieren mit Ausnahme der Beinkicks. Es sind aber auch Modelle mit einer Länge von 80 Zentimetern mit kleinem Durchmesser und geringem Füllgewicht erhältlich.

Ein spezielles Modell ist die Lowkick-Stange. Hierbei handelt es sich um einen Sandsack, der ab 1,50 Meter lang ist und geringem Umfang besitzt. Dieses Gerät ist her-vorragend für das Training der Beinkicks geeignet. Für zahlreiche andere Techniken ist dieser Sandsack aber nicht vorteilhaft, da die Gefahr besteht abzurutschen, bei-spielsweise bei einem geraden Schlag. Deshalb bietet sich dieses Gerät eher als zusätzlicher, zweiter Sandsack an.

Material: Sandsäcke werden aus Leder, Baumwolle und Kunstleder angeboten. Wenn Sie über einen Zeit-raum von mehreren Jahren trainieren wollen, besorgen Sie sich am besten einen Ledersack. Ein solcher Sack, der im Haus aufbewahrt wird, kann viele Jahre lang genutzt werden. Selbst in thailändischen Gyms, in denen diese Säcke im Freien aufgehängt sind, halten die Säcke einige Jahre, bevor Sie an Trittstellen brechen. Allerdings sind die Ledersandsäcke auch erheblich teurer als Kunstleder- oder Baumwollsäcke.

Einige Arten von Kunstledersäcken sind nur schwer zu befüllen, da das Material hart ist und nicht nachgibt. Die Baumwollsäcke hingegen haben den Nachteil, das sie schnell reißen, insbesondere bei hartem Kicktraining. Die Kunstledersäcke sind strapazierbarer als die Baumwoll-säcke, aber ihre Haltbarkeit ist ebenfalls nicht mit der von Ledersäcken zu vergleichen.

Öffnung: Achten Sie beim Erwerb eines Sandsackes auf dessen Öffnung. Insbesondere, wenn Sie einen unge-füllten Sack kaufen und die Füllung im Laufe Ihres Trai-nings verändern möchten, muss zum Öffnen und Ver-schließen des Sackes ein stabiler Reißverschluss befestigt sein. Dieser Reißverschluss sollte am äußeren Rand des oberen Endes verlaufen und nicht durch die Mitte, da ansonsten Probleme beim Einfüllen des Materials auftreten können.

Abzuraten ist von einem Sandsack, der an der Öffnungsstelle eine Verschnürung besitzt. Ist ein Sack mit Verschnürung mit Holzspänen oder anderem Kleinmaterialen gefüllt, verlässt bei jeder ausgeführten Technik etwas von dieser Masse den Sack und verteilt sich im Trainingsraum.

Aufhängung: Besitzen Sie in Ihrem Trainingsraum eine Betondecke, können Sie in dieser einen dicken Eisenhaken anbringen und den Sandsack am Haken aufhängen. Diese Variante ist die kostengünstigste und stabilste Befestigungsmöglichkeit. In einigen Wohnhäusern besteht zwar die Möglichkeit, im Keller zu trainieren, jedoch kann der Sack nicht an der Decke angebracht werden, da dann die Trainingsgeräusche für die im Erdgeschoss wohnenden Personen zu laut wären. Als Variante zur Deckenaufhängung werden deshalb von den Fachhändlern spezielle Befestigungen für die Seitenwand angeboten. Diese Variante bietet sich auch an, wenn die Decke nicht stabil genug ist, um daran einen Sandsack aufzuhängen. Aus einer Steindecke bricht beispielsweise häufig der Haken heraus, wenn daran ein schwerer Sandsack aufgehängt wird.

Üblicherweise ist die Vorrichtung eines Modells zur Seitenbefestigung nur zirka 30 Zentimeter lang. Dies führt dazu, dass der Sack bei der Ausführung einiger Techniken an die Wand stößt, was insbesondere bei der Ausführung von Kombinationen stört. Außerdem besteht die Gefahr, sich bei Fußtechniken an der Wand zu verletzen. Bei einigen solcher Modelle ist ein weiterer Kritikpunkt, dass der daran befestigte Haken dünn ist und bei dem Training mit schweren Säcken leicht abbricht. Diese Problematik können Sie jedoch verringern, indem Sie zusätzlich noch eine Sandsackfeder benutzen, welche zwischen Sack und Haken gehängt wird, um die Kraftwirkung der Techniken auf den Haken durch Abfedern zu verringern. Ein Eisenhaken ist ab zirka 10 Euro erhältlich, eine Vorrichtung ab zirka 100 Euro und die Feder ab zirka 10 Euro. Achten Sie beim Kauf einer Seitenwandhalterung auf deren Garantiedauer, damit Ihnen, falls der Haken abrechen sollte, der Kaufpreis erstattet wird.

Füllung: Für Einsteiger bietet sich der Kauf von bereits gefüllten Sandsäcken an. Die einfachsten Modelle in einer Größe zwischen 80 und 100 Zentimetern, gefüllt mit Stoffresten, werden in den großen Kaufhäusern angeboten. Diese Säcke werden ab zirka 60 Euro verkauft und sind somit nur geringfügig teurer als die ungefüllten Modelle. Personen, die bereits im Kampfsport geübt sind, sollten jedoch einen schwereren Sandsack benutzen, da an einem solchen Sack die Schlag-, Stoß- und Trittkraft besser trainiert werden kann. Große gefüllte Säcke aus Kunstleder sind im Fachhandel ab zirka 130 Euro erhältlich.

Wenn Sie beim Training Ihren Körper, insbesondere die Schienbeine abhärten wollen, sollten Sie Ihren Sandsack selbst füllen. Am besten besorgen Sie sich Holzspäne von einem Schreiner und füllen den Sack damit. Zur Füllung werden zwei bis drei Müllsäcke mit Spänen benötigt, üblicherweise nimmt ein Schreiner nicht mehr als 5 Euro pro Sack. Während der ersten Trainingswochen müssen Sie nach jeder Trainingseinheit Späne nachfüllen, da sich die Späne im Sack nach unten senken. Nach einigen Monaten können Sie dann damit beginnen, regelmäßig etwas feinen Sand beispielsweise vom Baggersee einzufüllen. Durch dieses Vorgehen verhärtet sich der Sack immer mehr und ihr Körper gewöhnt sich an die Härte. Nach längerer Zeit regelmäßigen Trainings können Sie einen Teil der Holzspäne herausnehmen und den Sack mit noch mehr Sand füllen. An einem komplett mit Sand gefüllten Sack trainieren jedoch nur wenige professionelle thailändische Kämpfer, wovon auch abzuraten ist, da bei falscher Technikausführung große Verletzungsgefahr besteht. Eine Alternative zum Füllen mit Holzspänen ist die Nutzung von zerkleinertem Gummimaterial, beispielsweise von Autoreifen, welches jedoch schwierig zu erhalten ist.

Maisbirne

Eine Maisbirne ist ein weiteres Gerät, welches für das Kampfsporttraining einsetzbar ist. Diese Birne wird für das Training von Fausttechniken, insbesondere Aufwärtshaken zum Kopf, von Ellbogentechniken und von hohen Kicktechniken genutzt.

Am besten kaufen Sie eine bereits gefüllte Birne im Fachhandel. Achten Sie darauf, dass deren Füllung nicht zu weich ist, ansonsten würden beim Training Lücken ent-

Der Autor beim Sandsacktraining, Bangkok 2000.

stehen, welche Handverletzungen bei Schlagtechniken verursachen können. Es ist davon abzuraten, eine Birne selbst zu füllen. Dies ist ein sehr aufwendiges Verfahren, da die geeignete Füllmasse, z. B. zerkleinertes Gummi, schwierig zu erhalten ist. Als Füllung einer Maisbirne sind, anders als beim Sandsack, Holzspäne und Sand nicht geeignet. Der Sand senkt sich nach unten, was die Birne insbesondere für Aufwärtshaken zu hart machen würde. Bei einem Sandsack besteht dieses Problem nicht, da die an Tritten beteiligten Körperteile weniger anfällig für Verletzungen sind als die Handknöchel.

Die Maisbirne kann an einem Eisenhaken an der Decke ebenso wie an einer Befestigungsvorrichtung an der Seitenwand aufgehängt werden. Hierfür können die gleichen Produkte wie auch für die Aufhängung des Sandsackes genutzt werden.

Im Fachhandel werden Maisbirnen aus Kunstleder oder Leder angeboten. Sie wiegen etwa 15 Kilogramm und sind üblicherweise mit zerkleinertem Gummimaterial gefüllt. Gefüllte Birnen aus Kunstleder werden ab zirka 80 Euro verkauft.

Schlagbirnen

Das Training an einer Schlagbirne dient dazu, das Timing bei der Anwendung eigener Angriffs- und Kontertechniken zu verbessern und zu lernen, gegnerischen Techniken auszuweichen. Die Birnen wiegen jedoch nur zirka ein Kilogramm, und so können daran die Techniken nicht kraftvoll ausgeführt werden. Aufgrund dessen ist das

Training an Schlagbirnen kein Ersatz für das Sandsacktraining, sondern nur als Ergänzung anzusehen.

Schlagbirnen gibt es in unterschiedlichen Ausführungen. Ein Modelltyp wird an einer speziellen Halterung, die an der Decke oder Seitenwand befestigt wird, angebracht. Im internationalen Boxen wird dieser Typ als Speedball bezeichnet. Hieran lassen sich sehr gut koordinative Boxübungen trainieren, ebenso wie hohe Fußtechniken, vor allem, wenn diese gedreht und im Sprung ausgeführt werden. Dies zeigt beispielsweise Jean-Claude van Damme in der Trainingssequenz zu Beginn des Filmes »Bloodsport«. Eine Birne aus Kunstleder kostet ab zirka 30 Euro und eine aus Leder ab zirka 50 Euro. Die für dieses Training benötigte Halterung wird ab zirka 90 Euro verkauft.

Ein anderes Modell einer Schlagbirne wird an Wand und Boden befestigt, zwischen Birne und Befestigung befinden sich elastische Bänder. Dieses Modell wird als Punchingball bezeichnet. Es lassen sich daran Kombinationen, Ausweichen und Konter üben. Da sich der Ball nach dem Ausführen einer Technik durch die Spannung der Bänder schnell wieder zurückbewegt, können Sie beispielsweise eine Technik ausführen, dann der zurückschnellenden Kugel ausweichen und damit das Ausweichen vor einem gegnerischen Konter üben, und schließlich erneut eine eigene Technik einsetzen, mit der Sie die Anwendung eines eigenen Konters üben. Der Preis für die Kunstleder-Variante beträgt ab zirka 40 Euro und für die Leder-Variante ab zirka 65 Euro.

Martin zeigt einen gedrehten Hakentritt im Sprung an einer Maisbirne.

Trainerequipment

Kampfsport-Trainer benutzen verschiedene Arten von Pratzen, Bauchgürtel und Kickkissen, um ihre Schüler zu unterrichten. Besitzen Sie für Ihr Training einen Partner, können Sie diese Produkte ebenfalls einsetzen.

Der Trainer kann mit diesen Produkten den Schüler in einzelnen Techniken und in Kombinationen von Techniken trainieren. Für fortgeschrittene Sportler kann er mit dem Equipment auch kampfähnliche Situationen erzeugen. Der Trainer simuliert beispielsweise einen angreifenden Gegner, indem er mit angehobenen Pratzen auf den Schüler zukommt. Der Schüler muss dann zur Seite ausweichen oder eine Vielzahl von Techniken gegen die Pratzen ausführen, um den Trainer zu bremsen. Entsprechend kann der Trainer auch zurückweichen und so den Schüler veranlassen, ihm mit Techniken zu folgen.

Zu Beginn Ihres Trainings dürfen Sie solche Experimente jedoch nicht machen, da ansonsten für den Pratzenhalter ebenso wie für den Trainierenden große Verletzungsgefahr besteht.

Box-Pratzen: Box-Pratzen sind kleine Pratzen, die an den Händen getragen werden. Sie eignen sich insbesondere für das Training von Faust- und Ellbogentechniken. Außerdem werden die Pratzen für das Üben von Hakentritten und Axttritten eingesetzt. Für das Training von kraftvoll ausgeführten Knietechniken und Halbkreistritttechniken, beispielsweise dem durchgezogenen Halbkreistritt aus dem Muay Thai, sind sie nicht geeignet, da die Pratzen erhebliche Trefferwirkung durchlassen. Außerdem besteht die Gefahr, dass die ausgeführte Technik die Pratzen verfehlt beziehungsweise abrutscht und den Trainer so verletzt. Eine Kunstleder-Pratze kostet ab zirka 25 Euro und eine Leder-Pratze ab zirka 35 Euro.

Thai-Pads: Die Thai-Pads sind lange und dick gepolsterte Pratzen. Sie wurden für das professionelle Training in Thailand entwickelt, um alle Körperwaffen mit hartem Krafteinsatz trainieren zu können. Mittlerweile werden diese Pratzen häufig auch in anderen Kampfsportarten wie dem Kick-Boxen, Vollkontaktkarate und Taekwondo im Training genutzt.

Eine Leder-Pratze mit fester Füllung wird im Fachhandel ab zirka 60 Euro angeboten. Es sind aber auch luftgefüllte Kunststoff-Pratzen erhältlich, die für das Frauen- und Kindertraining einsetzbar sind. Für intensives Wettkampftraining ist die Nutzung einer luftgefüllten Pratze nicht zu empfehlen, da beim Tretenden keine Abhärtung erfolgt und der Trainer viel Trefferwirkung aushalten muss. Eine solche Pratze wird ab zirka 35 Euro verkauft.

Bauchgürtel: Üblicherweise tragen Thai-Box-Trainer einen Bauchgürtel zum Training. Hierbei handelt es sich um ein gefülltes, rundes Polster, das um den Bauch gelegt und hinter dem Rücken befestigt wird. Der Bauchgürtel wurde entwickelt, um den Schüler in Vorwärtstritten und Seitwärtstritten zu unterrichten. Dieses Gerät ist insbesondere wichtig, wenn Kombinationen einstudiert werden, so dass diese in einem fließenden Bewegungslauf trainiert werden können. Auch für die Kampfsimulation ist dieses Produkt notwendig, kommt der Trainer beispielsweise auf den Schüler zu, so kann ihn dieser mit Vorwärtstritten und Seitwärtstritten zum Bauch von sich weghalten. Leder-Bauchgürtel mit fester Füllung kosten zirka 110 Euro.

Kickkissen: Ein Kickkissen ist ein großes Polster, das vor dem Körper mit beiden Armen gehalten wird. Es ist insbesondere zum Üben von Seitwärtstritten geeignet. Daran können beispielsweise eine Vielzahl solcher Tritte hintereinander kraftvoll ausgeführt werden, um die entsprechende Muskulatur aufzubauen. Ein Kickkissen aus Kunstleder wird im Fachhandel ab zirka 65 Euro angeboten.

Der Muay-Thai-Trainer Oliver zeigt sein Equipment. Zusätzlich benutzen einige Trainer noch dicken Fuß- und Schienbeinschutz, um den Schüler intensiv im Treten und Blocken von Beintritten zu trainieren.

GRUND- TECHNIKEN

Ausgangsstellung und grundlegende Angriffstechniken

In diesem Kapitel lernen Sie die bekanntesten Basic-Kampfsporttechniken kennen. Die einzelnen Techniken sind verschiedenen Martial-Arts-Stilen wie dem Boxen, Thai-Boxen, Kick-Boxen, Karate, Ju-Jutsu und Taekwondo entnommen. Ausschlaggebende Kriterien für die Auswahl der Techniken war, dass diese häufig in den Kampfsportfilmen zu sehen sind und auch im Vollkontaktsport angewendet werden. Es wurde bewusst auf »mystische« Techniken verzichtet, welche teilweise in Filmen zu sehen sind, und statt dessen solche ausgesucht, die im realen Kampf anwendbar sind.

Die Techniknamen werden in deutscher Sprache genannt, da jeder Budostil unterschiedliche Bezeichnungen für die Techniken benutzt. Wird jedoch im Training häufig der englische Name einer Technik benutzt, ist auch dieser vermerkt.

Die folgenden Ausführungen richten sich an Neueinsteiger in das Kampfsporttraining, Fortgeschrittene sollten sich dieses Wissen (und Können) bereits angeeignet haben.

Zu Beginn Ihres Kampfsporttrainings müssen Sie lernen, wie Sie die Kampfstellung einnehmen, wie Sie eine Faust machen und diese beim Schlagen halten. Dann müssen Sie die Fußarbeit üben, wobei Sie sich ebenfalls in Kampfstellung befinden. Diese Position muss immer wieder kontrolliert werden, damit sich der Übende keine Fehler in der Deckung angewöhnt.

Anschließend können Sie mit dem Training der Schlag-, Stoß- und Tritttechniken beginnen. Führen Sie die Techniken zuerst langsam und kontrolliert in die Luft aus. Sie werden zwar in den Abbildungen zum besseren Verständnis in mehreren Schritten gezeigt, sie müssen jedoch ohne Unterbrechung ausgeführt werden. Üben Sie die Kicktechniken zuerst in geringer Höhe, und erst, wenn Ihr Körper die dafür notwendige Beweglichkeit entwickelt hat, beginnen Sie damit, Kicktechniken in Kopfhöhe zu trainieren.

Nach dem Training in die Luft können Sie mit dem Üben der Techniken am Sandsack und an der Maisbirne beginnen. Die Techniken werden zuerst einzeln trainiert, bevor sie miteinander kombiniert ausgeführt werden. Wenn Sie hierzu einige Trainingseinheiten absolviert haben, beispielsweise erlernt haben, Ihr Handgelenk beim Auftreffen Ihres Schlages auf einen Widerstand zu stabilisieren, können Sie die Techniken an den Pratzen eines Partners einsetzen.

Rechts: Sylvester Stallone als Rocky Balboa in »Rocky III«.

Die Kampfstellung

Die Kampfstellung muss von Neueinsteigern in das Budotraining zuerst erlernt werden. Es ist die Position, aus der heraus man sich gegen Techniken des Gegners verteidigt und diesen mit eigenen Techniken attackiert.

Sie stehen zunächst aufrecht, Ihre Füße haben Sie parallel und schulterbreit auseinander gestellt und Ihre Arme lassen Sie entspannt nach unten hängen. Aus dieser Position stellen Sie nun einen Fuß etwas nach vorne, und zwar als Rechtshänder den linken Fuß, wodurch Sie sich in die sogenannte Linksauslage begeben. Als Linkshänder nehmen Sie hingegen die Rechtsauslage ein, indem Sie Ihren rechten Fuß vorbewegen. Durch diese Vorgehensweise wird die stärkere und geübtere Hand hinten gehalten, was es ermöglicht, Techniken dieser Seite mit größtmöglicher Kraft auszuführen, beispielsweise um den Gegner zu stoppen oder sogar den Kampf vorzeitig zu beenden. Den hinteren Fuß drehen Sie etwas nach außen, um stabil zu stehen, und Ihr Körpergewicht verlagern Sie gleichmäßig auf beide Füße.

Heben Sie nun gleichzeitig Ihre Arme vor dem Körper bis in die Waagrechte an, wobei die Arme etwa schulterbreit auseinandergehalten werden und die Handflächen zueinander zeigen. Dann führen Sie die Arme zurück, die Hand der hinteren Seite halten Sie etwas über den Kiefer, die andere Hand halten Sie als Schutz hoch vor dem Kopf. Zuletzt bewegen Sie Ihr Kinn etwas nach unten, um den Kiefer zu schützen. Versuchen Sie entspannt zu stehen, ohne die Muskulatur anzuspannen. Die Muskulatur wird erst beim Abwehren oder Ausführen einer Technik angespannt.

A–B: Der Kickboxer Giovanni zeigt die beschriebene Kampfstellung. Diese Haltung ist typisch für Boxer, Kickboxer und Muay-Thai-Kämpfer. Es wird versucht, möglichst wenig Trefferfläche für schnelle Schlagtechniken aus naher Distanz zu bieten. Giovanni befindet sich dabei in der Rechtsauslage, in der er auch seine Kämpfe bestreitet.

C–D: Der Freestyle-Karateka Christian zeigt seine Kampfstellung. Diese Position ist etwas weiter geöffnet als die von Giovanni, da in Kampfkünsten wie Karate, Ju-Jutsu und Taekwondo vorwiegend aus der Distanz agiert wird. Schlag- und Ellbogentechniken zum Kopf werden dort wenig eingesetzt und sind sogar in einigen Verbänden verboten. Christian ist Rechtshänder und kämpft deshalb in der Linksauslage.

Die Faust

Sie halten die Hand geöffnet, die Finger sind gestreckt. Schließen Sie zuerst die Finger, wobei Sie darauf achten müssen, dass diese eng anliegen. Dann drücken Sie die Fingerspitzen etwas in die Handflächen. Zuletzt legen Sie den Daumen auf den Zeigefinger und den Mittelfinger.

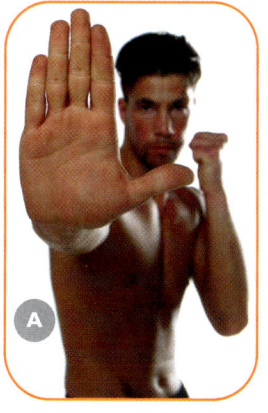   

A–D: Giovanni zeigt, wie eine Faust gemacht und beim Ausführen einer geraden Schlagtechnik gehalten wird.

Die Fußarbeit

Nachdem Sie die Kampfstellung erlernt haben, können Sie mit dem Training der Fußarbeit beginnen. Die folgenden Schrittbewegungen nutzen Sie, um auf den Gegner zuzugehen, sich von ihm wegzubewegen oder ihm auszuweichen.

Sie befinden sich während der gesamten Fußarbeit in der Kampfstellung. Der vordere Fuß muss immer auf das Ziel gerichtet sein und der hintere Fuß schräg nach außen zeigen. Dies gilt auch, wenn Sie sich seitlich zum Gegner bewegen. Bleiben Sie bei allen Bewegungen unverkrampft und achten Sie darauf, dass Sie Ihre eigene Deckung nicht vernachlässigen. Zahlreiche Sportler führen die Schritte auf den Fußballen aus, um sich sehr schnell bewegen zu können.

- In der Vorwärtsbewegung stellen Sie zuerst den vorderen Fuß nach vorne ab und ziehen dann den hinteren Fuß nach.
- In der Rückwärtsbewegung stellen Sie den hinteren Fuß nach hinten ab und ziehen dann den vorderen Fuß nach.
- In der Bewegung zur linken Seite stellen Sie zuerst den linken Fuß nach links ab und ziehen dann den rechten Fuß nach.
- In der Bewegung zur rechten Seite stellen Sie zuerst den rechten Fuß nach rechts ab und ziehen dann den linken Fuß nach.

Üben Sie zuerst die Vorwärtsbewegungen und dann die Rückwärtsbewegungen. Wiederholen Sie diese Schritte einige Male und kontrollieren Sie sich bei den Ausführungen in einem Spiegel. Danach können Sie die Seitwärtsbewegungen in Ihr Training integrieren. Wiederholen Sie auch diese Bewegungen und überprüfen Sie sich dabei. Nun können Sie die Fußarbeit frei ausführen. Stellen Sie sich dabei vor, Sie würden mit einem realen Gegner kämpfen. Greift er Sie an, weichen Sie zur Seite oder nach hinten aus. Um ihn stattdessen zu attackieren, bewegen Sie sich einige Schritte nach vorne.

Die Fußarbeit müssen Sie zumindest in den ersten Trainingsstunden als eigenständige Einheit üben. Das Beherrschen der Fußarbeit ist Voraussetzung für den Einsatz aller Angriffs- und Verteidigungstechniken. Wenn Sie später im Schattenboxen trainieren wollen, den Gegner beispielsweise mit Schlagtechniken zu attackieren, müssen Sie mit einem schnellen Vorwärtsschritt die Distanz zu ihm überbrücken.

Für das Training der Fußarbeit ebenso wie für das Schattenboxen grenzen Sie sich am besten ein Gebiet als Kampffläche ab, beispielsweise in der Größe eines Kampfringes, und bewegen sich in diesem. Wenn Sie an die vordere beziehungsweise hintere Grenze dieses abgesteckten Feldes kommen, bewegen Sie sich mit seitlichen Schritten.

Die Kampfdistanz

Von einer Kampfdistanz wird erst dann gesprochen, wenn Sie sich in Reichweite des Gegners befinden. Solange zwischen Personen durchschnittlicher Körpergröße ein Abstand von zirka eineinhalb Metern besteht, können von diesen keine Techniken direkt angebracht werden. Der Angreifer muss zuerst einen Schritt auf seinen Gegner zugehen oder in dessen Richtung springen, bevor er eine Technik einsetzen kann. Der Verteidiger kann aber dem Kampf ausweichen, indem er einen Schritt zurückgeht oder sich zur Seite bewegt.

Ist dieser Sicherheitsabstand jedoch nicht gegeben, befinden sich die Kämpfer in der sogenannten Kampfdistanz. Diese wird in drei Gruppierungen unterschieden: Weitdistanz, Halbdistanz und Nahdistanz. In der Weitdistanz werden vorwiegend Tritte eingesetzt, beispielsweise Vorwärtstritte, Seitwärtstritte und Sprungtritte. Um Schläge einzusetzen, müssen Sie zuerst einen Schritt vorwärts machen. Eine besonders geeignete Möglichkeit, die Distanz zu überbrücken oder aber sich vom Gegner zu lösen, ist es, den Schritt mit einer vorderen Geraden zu kombinieren. Durch eine harte Tritttechnik können Sie den Gegner aus der unmittelbaren Kampfdistanz wegbefördern.

In der Halbdistanz werden Schlagtechniken, Distanzkniestöße und Kicks ausgeführt. Aggressive Sportler suchen diese Distanz, um aus ihr heraus den Gegner mit zahlreichen Technikkombinationen direkt treffen zu können. Der Verteidiger kann versuchen, aus dieser Distanz zurückzuweichen oder aber durch einen Schritt nach vorne diese Distanz zu überwinden, um den Gegner zu klammern. Bei Muay-Thai-Kämpfen zwischen Spitzensportlern in Thailand ist oft zu sehen, wie beide Kämpfer diese Distanz aufsuchen, sich in den ersten Runden belauern und mit eher leicht ausgeführten Techniken versuchen, die Stärken, Verhaltensweisen und Fehler des Gegners kennen zu lernen.

In der Nahdistanz werden vorwiegend Seitwärtshaken, Aufwärtshaken und Ellbogentechniken eingesetzt. Diese Techniken werden ohne Unterbrechung ausgeführt, bis es einem der Gegner gelingt, sich zu lösen oder den Angreifer zu stoppen. In der Selbstverteidigung und im Muay Thai kann in dieser Distanz auch der Gegner am Hals gegriffen werden, ebenso können im Clinch Kniestöße ausgeführt werden.

Martin und Giovanni beim »Infight« (Nahdistanz).

Die Armtechniken

1. Vordere Gerade (Jab)

Der Weltmeister im Schwergewicht, Rocky Balboa (Sylvester Stallone), wird von seinem Herausforderer Clubber Lang (Mr. T) vorgeführt und dann zu Boden geschlagen. Rocky hat sich auf diesen Kampf nicht optimal vorbereitet, er war »satt« und nicht bereit dazu, sich im Training zu quälen. Als Trainer für den Rückkampf engagiert er seinen ehemaligen Widersacher Apollo Creed (Carl Weathers). Dieser hilft Rocky wieder zur richtigen Einstellung, indem er ihn in einer verkommenen Sporthalle zusammen mit Sportlern aus ärmlichen Verhältnissen trainieren lässt. Auch ändert er den Boxstil Rockys von einem schwerfälligen zu einem leichtfüßigen Boxer. Rocky beginnt dann den Kampf mit zahlreichen geraden Schlagkombinationen. Dem schlagstarken Clubber Lang gelingt es nicht, ihn zu stellen, tänzelnd bewegt sich Rocky um ihn herum.

Diese Szenen sind im Film »Rocky III« (1981) zu sehen.

Durchführung

Aus der Kampfstellung beginnen Sie die Technik, indem Sie sich mit der Ferse des vorderen Fußes etwas vom Boden wegdrücken.

Schlagen Sie nun Ihre vordere Faust in gerader Linie zum Gegner und halten Sie dabei möglichst lang Ihren Ellbogen unten, da der Gegner ansonsten ihre Technik frühzeitig erkennen kann. Die hintere Faust bleibt in der Ausgangsposition über dem Kiefer als Schutz vor gegnerischen Techniken. Während des Schlags wird die Hüfte eingedreht und das Gewicht nach vorne verlagert, um die Technik kraftvoll auszuführen. Kurz vor dem Treffen des Ziels drehen Sie die Faust so, dass die Handfläche nach unten zeigt, und nachdem Sie Ihr Ziel getroffen haben, führen Sie die Faust schnell in die Ausgangsposition zurück.

Diese Technik wird üblicherweise zum Kinn oder zur Nase des Gegners angewendet. Oft wird sie in Verbindung mit einem Schritt nach vorne ausgeführt, um die Distanz zum Gegner zu überbrücken.

A–C: Martin zeigt eine Gerade mit dem vorderen Arm am Sandsack.

D: Giovanni zeigt die Technik am Gegner.

2. Hintere Gerade (Straight Punch)

Der chinesische Top-Polizist Liu Jian, gespielt von Jet Li, wird nach Paris beordert, um dem französischen Polizisten Richard bei der Verhaftung eines Gangsterbosses aus dem Drogengeschäft zu helfen. Richard ist jedoch korrupt und selbst im Drogengeschäft aktiv. Er ermordet den Gangsterboss, versucht Liu Jian als Hauptverdächtigen hinzustellen und auch ihn zu ermorden. Liu Jian gelingt die Flucht und er versucht, die Überwachungstapes, auf denen der Mord zu sehen ist, sicherzustellen, um seine Unschuld zu beweisen. Im Überwachungsraum stellen sich ihm drei Handlanger von Richard in den Weg. Den ersten setzt Liu mit einem Schlag zum Hals außer Gefecht und den zweiten wirft er zur Seite. Dann holt er aus und schlägt einen geraden Schlag mit dem hinteren Arm zum Gesicht des dritten Gegners, der daraufhin zu Boden fällt.

Diese Filmszenen stammen aus »Kiss of the Dragon« (2001).

Durchführung

Sie befinden sich in der Kampfstellung. Beginnen Sie die Technik, indem Sie sich mit der Ferse des hinteren Fußes etwas vom Boden wegdrücken.

Dann schlagen Sie Ihre hintere Faust in gerader Linie zum Gegner, wobei Sie Ihren Ellbogen möglichst lang unten halten. Ansonsten könnte der Gegner ihre Technik frühzeitig erkennen. Die vordere Faust halten Sie als Schutz vor gegnerischen Techniken etwas über Ihrem Kiefer. Während des Schlags wird die Hüfte eingedreht und das Gewicht nach vorne verlagert, um die Technik kraftvoll ausführen zu können. Kurz vor dem Treffen des Ziels drehen Sie die Faust so, dass die Handfläche nach unten zeigt, und nachdem Sie Ihr Ziel getroffen haben, führen Sie die Faust schnell in die Ausgangsposition zurück.

Diese Technik wird üblicherweise zum Kinn oder zur Nase des Gegners angewendet, kann aber auch zum Solarplexus oder zum Magen eingesetzt werden.

A–C: Giovanni zeigt eine Gerade mit dem hinteren Arm zum Kinn.

3. Seithaken (Hook)

Aufgrund finanzieller Schwierigkeiten mit seiner Sporthalle lässt sich der Kickbox-Trainer David Sloan, gespielt von Sasha Mitchell, zu einem Ringcomeback überreden. Nach zweijähriger Pause muss er gleich in seinem ersten Kampf gegen Vargas, den Schwergewichtschampion, antreten. Ab der zweiten Runde jedoch gelingt es David, den Kampf zu dominieren. Nachdem er Vargas mit einem harten linken Kopfhaken trifft, fällt dieser benommen in die Ringseile und muss angezählt werden.

Diese Filmszenen stammen aus »Kickboxer II« (1991).

Durchführung

Aus der Kampfstellung heben Sie eine Faust seitlich an, so dass sich der Arm dieser Seite fast parallel zum Boden befindet. Gleichzeitig verlagern Sie Ihr Gewicht auf das Bein der ausführenden Körperseite und lehnen Ihren Körper etwas zu dieser Seite. Die andere Faust wird über dem Kiefer gehalten, um mögliche gegnerische Techniken zu blocken.

Führen Sie nun eine seitliche Schlagbewegung aus, wobei Sie den Körper und die Hüfte in Schlagrichtung mitdrehen und das Körpergewicht in die gleiche Richtung verlagern. Anschließend führen Sie die Faust schnell in die Ausgangsposition zurück.

Die Technik wird häufig zum Kinn eingesetzt, sie ist aber auch zur Schläfe oder zu den unteren Rippen anwendbar.

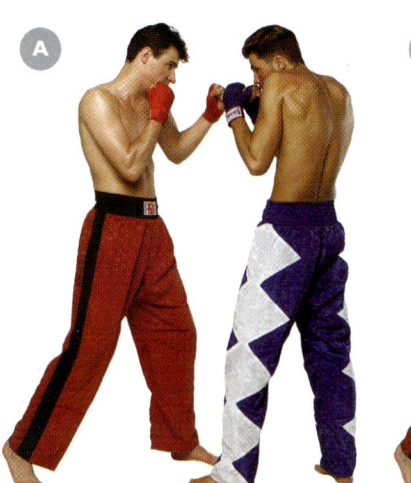  

A–C: Giovanni führt einen Seitwärtshaken mit dem vorderen Arm aus.

D: Giovanni zeigt die Technik mit dem hinteren Arm.

4. Aufwärtshaken (Uppercut)

Chris DuBois, gespielt von Jean-Claude van Damme, hält sich Mitte der 20er Jahre des letzten Jahrhunderts als Straßenartist über Wasser. Nachdem er mit seinen Freunden einen Gangsterboss um eine erhebliche Summe erleichtert hat, muss er aus den Vereinigten Staaten fliehen. Auf seiner abenteuerlichen Reise gelangt er auf die Insel Muay Thai, wo er zu einem außergewöhnlichen Kämpfer ausgebildet wird. Als er von einer Veranstaltung in Tibet hört, an der die weltbesten Kämpfer teilnehmen, beschließt er, dort seine Fähigkeiten zu testen. Im Endkampf um den Turniersieg trifft er auf den mongolischen Kämpfer Khan (Abdel Quissi). Nach einem harten Kampf gelingt Chris die Entscheidung durch einen Aufwärtshaken, mit dem er Khan zu Boden schlägt.

Diese Filmszenen sind in »The Quest« (1996) zu entdecken.

Durchführung

Sie befinden sich in der Kampfstellung. Lassen Sie einen Unterarm nach unten fallen und drehen dabei die Faust, so dass sich Unterarm und Oberarm fast in einem rechten Winkel befinden. Dabei verlagern Sie Ihr Gewicht auf das Bein der ausführenden Seite und beugen beide Beine geringfügig. Die andere Faust wird als Schutz vor gegnerischen Techniken über dem Kiefer gehalten.

Dann schlagen Sie Ihre Faust ruckartig nach oben, wobei Sie die Beine strecken, die Hüfte eindrehen und das Körpergewicht nach vorne verlagern. Achten Sie darauf, dass Sie das Ziel mit den Knöcheln treffen. Anschließend führen Sie Ihre Schlaghand schnell in die Ausgangsposition zurück.

Die Technik wird häufig zum Kinn eingesetzt, sie ist aber auch zu den Rippen oder zum Solarplexus anwendbar.

A–D: Martin zeigt einen Aufwärtshaken mit dem hinteren Arm an der Maisbirne.

E: Giovanni zeigt den Aufwärtshaken mit dem vorderen Arm am Gegner.

5. Körperhaken

Der Box-Weltmeister im Schwergewicht Apollo Creed (Carl Weathers) hat eine große Promotion-Kampagne für seinen nächsten Kampf gestartet. Als ihm der geplante Gegner wegen Verletzung absagt, bietet er einem Underdog die Chance, um den Titel zu kämpfen. Als Gegner wählt er den drittklassigen Berufsboxer Rocky Balboa (Sylvester Stallone) aus. Rocky bereitet sich wie besessen auf den Kampf vor, die Chance seines Lebens. Im Kampfverlauf wird Rocky immer wieder hart getroffen, doch er gibt nicht auf. Als Apollo den Kampf mit einer hinteren Geraden beenden will, gelingt es Rocky jedoch auszuweichen und dann hart mit einem Körperhaken zu treffen. Rocky setzt dann Apollo immer weiter mit Körperhaken zu.

Diese Szenen sind im Film »Rocky I« (1976) zu sehen.

Durchführung

Aus der Kampfstellung lassen Sie einen Unterarm nach unten fallen und drehen dabei die Faust, so dass sich Unterarm und Oberarm fast in einem rechten Winkel befinden. Gleichzeitig verlagern Sie Ihr Gewicht auf den Fuß der ausführenden Körperseite und lehnen Ihren Oberkörper zu dieser Seite. Die andere Faust wird als Schutz vor gegnerischen Techniken über dem Kiefer gehalten.

Schlagen Sie nun Ihre Faust ruckartig zu den unteren Rippen des Gegners, wobei Sie die Hüfte eindrehen und das Körpergewicht nach vorne verlagern. Anschließend führen Sie Ihre Schlaghand schnell in die Ausgangsposition zurück.

A

B

C

A–C: Martin zeigt einen Haken zu den unteren Rippen mit dem vorderen Arm.

D

D: Giovanni zeigt einen Haken zum Solarplexus mit dem hinteren Arm. Eine Verlagerung des Körpergewichts nach außen ist bei dieser Ausführungsvariante nicht notwendig.

6. Seitellbogen

Der üble Schurke Rickie Modano ermordet den Polizisten Bobby Lupo auf belebter Straße vor den Augen seiner Familienangehörigen. Die Verfolgung wird von Gino Felino (Steven Seagal), dem Kollegen und besten Freund von Bobby, aufgenommen. Gino kommt während der Suche nach Richie in dessen Bar, um sich nach seinem Aufenthaltsort zu erkundigen. Er gerät in eine Auseinandersetzung mit dem Barkeeper, einem ehemaligen Boxer, der ihn mit einem geraden Schlag attackiert. Gino weicht dieser Technik aus und kontert mit einem Seitwärtsellbogen zum Kopf, woraufhin der Barkeeper bewusstlos zu Boden fällt.

Diese Filmszenen stammen aus »Deadly Revenge – Das Brooklyn Massaker« (1991).

Durchführung

Sie befinden sich in der Kampfstellung. Heben Sie einen Arm auf Schulterhöhe an. Die Faust des anderen Armes wird als Schutz vor einer möglichen gegnerischen Technik über dem Kiefer gehalten. Das Körpergewicht ist gleichmäßig auf beide Beine verteilt.

Dann schlagen Sie den Arm horizontal zur anderen Seite, wobei Sie den Fuß der ausführenden Seite, die Hüfte und den Oberkörper mitdrehen und Ihr Gewicht nach vorne verlagern. Getroffen wird mit dem Ellbogenknöchel. Führen Sie die Technik so aus, dass Sie bei Verfehlen des Ziels den Ellbogen durchschlagen. Dabei wird die Faust des schlagenden Armes außen an dem zur Deckung angehobenen Arm vorbeibewegt. Anschließend nehmen Sie schnell wieder die Kampfstellung ein.

Die Technik wird üblicherweise zum Kiefer ausgeführt. Weitere Trefferpunkte sind Schläfe und Nasenbein.

A–C: Christian zeigt einen Seitwärtsellbogen mit dem hinteren Arm.

7. Aufwärtsellbogen (Uppercut-Elbow)

Der Fremdenlegionär Leon (Jean-Claude van Damme) beschließt bei illegalen Kämpfen ohne Regeln anzutreten, um seine Familie finanziell zu unterstützen. In einer dieser Auseinandersetzungen, die für die High Society veranstaltet werden, muss er sich in einem Swimmingpool gegen einen Kämpfer beweisen. Dem Gegner gelingt es, Leon unter Wasser zu drücken. Nur mit größter Mühe kann sich Leon wieder befreien, dann aber hält er einen geraden Schlag des Kontrahenten fest und kontert mit einer Ellbogentechnik zu den Rippen, einem Aufwärtshaken zum Magen und schlägt ihn dann mit einem Aufwärtsellbogen zum Kinn bewusstlos.

Diese Filmszenen stammen aus »Leon« (1990).

Durchführung

Aus der Kampfstellung bewegen Sie einen Arm mit dem Ellbogen voran etwas nach unten. Die Faust des anderen Armes wird als Schutz vor einer möglichen gegnerischen Technik über dem Kiefer gehalten. Das Körpergewicht ist gleichmäßig auf beide Beine verteilt.

Schlagen Sie nun mit dem Ellbogenknöchel zum Ziel, wobei Sie Ihre Faust am Ohr vorbei zur Schulter bewegen. Während der Technikdurchführung heben Sie den Fuß der ausführenden Seite an, drehen die Hüfte ein und strecken den Oberkörper. Gleichzeitig wird das Gewicht nach vorne verlagert. Anschließend nehmen Sie schnell wieder die Kampfstellung ein.

Die Technik wird zum Kinn oder zur Nase des Gegners ausgeführt. Als Alternative zu obiger Ausführung können Sie auch im 45-Grad-Winkel schlagen, wodurch Sie weniger anfällig für Konter sind, aber auch die Technik weniger kraftvoll ausführen können.

A–C: Christian zeigt einen Aufwärtsellbogen mit dem hinteren Arm.

Beintechniken

1. Vorwärtstritt (Front-Kick)

Dem Schwerverbrecher Charles Rane gelingt es, mit seinen Komplizen ein Flugzeug zu entführen. An Bord befindet sich auch der Anti-Terror-Spezialist John Cutter (Wesley Snipes), der den Kampf gegen die Terroristen aufnimmt. Nach einer ersten Begegnung mit Charles Rane flieht John in den Lift und fährt nach unten zur Essensausgabe. Dort erwartet ihn jedoch ein weiteres Mitglied der Entführer und attackiert ihn mit einem Messer. Am Ende dieses Kampfes stoppt John den auf ihn zustürmenden Verbrecher mit einem harten Vorwärtstritt, welchen er mit dem hinteren Bein zum Gesicht ausführt. Der Gegner fällt daraufhin benommen zurück gegen eine Tür. John nutzt die sich ergebende Gelegenheit, den Kampf zu beenden, indem er den Gegner mit einem Seitwärtstritt durch die geschlossene Tür befördert.

Diese Szenen stammen aus dem Film »Passagier 57« (1992).

Durchführung

Sie befinden sich in der Kampfstellung. Ziehen Sie ein Knie zu Ihrem Oberkörper und richten Sie den Fußballen zum Ziel. Wenn Sie die Technik mit dem hinteren Bein ausführen, drehen Sie zusätzlich die hintere Oberkörperseite vor. Die Deckung bleibt angehoben, um gegnerische Techniken abwehren zu können.

Dann treten Sie gerade mit Hüfteinsatz zum Gegner. Dabei drehen Sie das Standbein nach außen und lehnen den Oberkörper etwas zurück. Getroffen wird mit dem Fußballen oder dem ganzen Fuß. Anschließend ziehen Sie das Knie schnell wieder zum Oberkörper, bevor Sie das Bein abstellen.

Die Technik kann zum Magen, Solarplexus oder Kopf angewendet werden. Wenn Sie aber zu Beginn Ihres Kampfsport-Trainings noch nicht die für einen hohen Tritt notwendige Beweglichkeit besitzen, sollten Sie vorerst auf diese Ausführungsvariante verzichten.

A–C: Martin führt einen Vorwärtstritt mit dem vorderen Bein in Körperhöhe am Sandsack aus.

D: Giovanni zeigt den Vorwärtstritt mit dem vorderen Bein zum Magen.

A–F: Steffen zeigt einen Vorwärtstritt mit dem hinteren Bein zum Kopf.

2. Seittritt (Side-Kick)

Der Gangsterboss Han betreibt auf seiner Insel eine Martial-Arts-Schule, die er als Tarnung für seine Geschäfte mit Rauschgift und Prostitution nutzt. Als Han zahlreiche Kampfsportler zu einem Turnier auf die Insel einlädt, wird Mister Lee (Bruce Lee) vom amerikanischen Geheimdienst beauftragt, an dem Turnier teilzunehmen und dort nach Beweisen für illegale Aktivitäten zu suchen. Mister Lee hat aber auch eine persönliche Rechnung mit Han und seinem Leibwächter Oharra (Bob Wall) zu begleichen, die für den Tod seiner Schwester verantwortlich sind. In einem Zwischenkampf des Turniers treffen Lee und Oharra aufeinander. Lee beendet diesen Kampf, indem er einen Seitwärtstritt mit Anlauf zum Körper ausführt, welcher Oharra in die Zuschauermenge befördert und ihn dann zusammenbrechen lässt.

Diese Filmszenen sind in »Der Mann mit der Todeskralle« (1973) zu finden.

Durchführung

Aus der Kampfstellung ziehen Sie ein Knie so hoch wie möglich zur gegenüberliegenden Schulter und richten dabei die Ferse auf das Ziel. Gleichzeitig drehen Sie den Oberkörper und die Hüfte der ausführenden Körperseite vor und das Standbein nach hinten.

Treten Sie nun das Bein mit Hüfteinsatz zum Gegner. Dabei drehen Sie das Standbein vollständig nach hinten und lehnen den Oberkörper zurück. Getroffen wird mit der Ferse oder der Fußaußenkante. Im Moment des Treffens befindet sich die Ferse etwas höher als die Fußzehen. Anschließend ziehen Sie das Knie schnell zur Schulter zurück, bevor Sie das Bein abstellen. Achten Sie bei der Ausführung der Technik darauf, dass Sie Ihre eigene Deckung nicht vernachlässigen.

Die Technik wird zu Magen, Solarplexus oder Kopf eingesetzt.

A–D: Steffen zeigt einen Seittritt zum Körper.

A–E: Steffen zeigt einen Seittritt mit dem hinteren Bein zum Kopf. Er befindet sich dabei in der Rechtsauslage.

A–F: Christian führt einen Seittritt mit dem hinteren Bein in die Senkrechte aus. Diese Perfektion in der Seittritt-Technik erlangen nur wenige Kampfsportler.

3. Beintritt (Low-Kick)

Der Kickboxer Brian bekommt die Chance, sein großes Ziel zu verwirklichen: Er darf gegen Lou Lescano um die Meisterschaft antreten. Für diesen Kampf lädt er auch seinen ehemaligen Trainer David Sloan ein. Doch anstelle von Lou Lescano betritt der brutale Kämpfer Tong Po (Michel Quissi) den Ring. Tong Po wurde einst von Kurt Sloan, Davids Bruder, in seinem Heimatland im Ring besiegt. Diese Schmach konnte Tong Po nie überwinden. Tong Po glaubt, seine Ehre als Kämpfer wiederherstellen zu können, wenn er ein Familienmitglied von Kurt im Ring besiegt. Nun plant er Brian im Kampf zu vernichten, damit sich David auf einen Kampf mit ihm einlässt. Tong Po beginnt die Auseinandersetzung mit einem knallharten Tritt an die Beinaußenseite.

Diese Filmszene stammt aus »Kickboxer II« (1991).

Durchführung

Sie befinden sich in der Kampfstellung. Stellen Sie ein Bein seitlich nach außen vorne ab und verlagern Sie ihr Körpergewicht darauf.

Dann treten Sie mit dem anderen Bein zum Gegner. Dabei dreht sich das Standbein etwas weiter nach außen. Treten Sie in einem halbkreisförmigen Bogen, und setzen Sie Ihre Hüfte und Ihr Körpergewicht bei dem Tritt ein. Getroffen wird mit dem Anfang des Schienbeins. Anschließend bewegen Sie Ihr Bein schnell in die Kampfstellung zurück.

Die Technik kann zur Oberschenkelaußenseite oder zur Oberschenkelinnenseite ausgeführt werden. Achten Sie bei dieser Technik besonders auf die eigene Deckung, da Sie bei kraftvoller Ausführung anfällig für gegnerische Schlagkonter sind.

A–C: Giovanni zeigt einen Tritt an die Oberschenkelinnenseite.

D: Giovanni zeigt einen Tritt an die Beinaußenseite.

4. Halbkreistritt (Round-Kick)

Die junge Frau Chen Ching-Hua wird in Rom von Gangstern terrorisiert, welche ihr Lokal übernehmen wollen. Ihr Onkel in Hongkong sendet ihr als Beschützer den jungen Kung-Fu-Kämpfer Tang Lung (Bruce Lee). Tang gelingt es mehrfach, die Verbrecher aus dem Lokal zu werfen. Der Gangsterboss will jedoch nicht aufgeben und heuert einen internationalen Karate-Meister an (Chuck Norris), der Tang vertreiben soll. Im Endkampf des Filmes treffen die beiden Sportler aufeinander. Nachdem Tang zweimal hart getroffen wird und zu Boden muss, ändert er seinen Kampfstil und tänzelt nun um den Gegner. Mit einem geschnappten Halbkreistritt, den er mit dem vorderen Bein ausführt, gelingt es ihm, den Karate-Meister erstmals zu Boden zu treten.

Diese Szenen stammen aus dem Film »Die Todeskralle schlägt wieder zu« (1973).

Durchführung

Aus der Kampfstellung heben Sie ein Bein an und drehen dabei das Standbein nach außen. Das Knie zeigt in Richtung des Ziels und das Bein ist eingeklappt. Um den Kick mit dem hinteren Bein auszuführen, müssen Sie beim Anheben des Beines den Oberkörper und die Hüfte dieser Körperseite vordrehen.

Treten Sie nun den Unterschenkel in einer Schnappbewegung zum Gegner, wobei Sie die Hüfte einsetzen. Getroffen wird mit dem Fußspann. Anschließend schnappen sie den Unterschenkel zurück und stellen erst dann das Bein ab. Der geschnappte Halbkreistritt kann zum Körper oder zum Kopf ausgeführt werden.

Im Muay Thai wird anstelle der geschnappten Variante im halbkreisförmigen Bogen getreten (vgl. Delp 2001; Thai-Boxen basics).

A–C: Martin zeigt einen Halbkreistritt mit dem vorderen Bein in Körperhöhe.

D: Martin zeigt einen Halbkreistritt mit dem vorderen Bein zum Kopf.

A–D: Christian zeigt einen Halbkreistritt zum Kopf mit dem hinteren Bein.

5. Kniestoß aus Distanz

Der amerikanische Kickbox-Champion Eric Sloane, gespielt vom Kickbox-Champion Dennis Alexio, wird von Tong Po (Michel Quissi) bei einem sportlichen Wettkampf durch eine illegalen Technik schwer verletzt. Dessen Bruder Kurt schwört, sich an Tong Po zu rächen, und nimmt Unterricht im Muay Thai. Nach intensivem Training tritt er in einem traditionellen Kampf ohne Boxhandschuhe gegen Tong Po an. Tong Po dominiert die erste Runde des Kampfes mit harten Knietechniken zu Körper und Kopf. Kurt schafft es aber, sich wieder zu berappeln und in den Kampf zurückzukommen.

Dies ist im Film »Kickboxer« (1989) in der ersten Runde des Entscheidungskampfes zu sehen.

Durchführung

Sie befinden sich in der Kampfstellung. Prüfen Sie, ob die Distanz für die Technik geeignet ist, indem Sie zuerst eine vordere Gerade ausführen oder, wie in der Abbildung, den vorderen Arm strecken und die Hand vor das Gesicht des Gegners halten, um ihn zu irritieren.

Dann stoßen Sie Ihr hinteres Knie in direkter Linie zum Magen oder Solarplexus des Gegners, wobei Sie die Ferse des Standbeines anheben und Ihr Standbein nach außen drehen. Beim Treffen des Ziels schieben Sie Ihre Hüfte vor und lehnen dazu den Oberkörper etwas zurück. Durch den Stand auf dem Fußballen, das Strecken des Standbeins und den Hüfteinsatz wird das Knie soweit als möglich zum Gegner bewegt.

Um die Technik mit Ihrem vorderen Bein auszuführen, stellen Sie dieses aus der Kampfstellung zuerst nach hinten ab und stoßen es dann sofort aus dieser Position. Achten Sie bei der Ausführung der Technik darauf, dass Sie Ihre eigene Deckung nicht vernachlässigen.

Diese Technik kann zum Magen oder Solarplexus eingesetzt werden. Achten Sie bei der Ausführung der Technik darauf, dass Sie Ihre eigene Deckung nicht vernachlässigen.

(A)

A–D: Giovanni führt einen Kniestoß aus der Distanz aus. Diese Technik stammt aus dem Muay Thai und darf von ihm in seinen regulären Kickbox-Kämpfen nicht eingesetzt werden.

(D)

(B)

(C)

6. Kniestoß mit Greifen

Die Mitglieder einer Gang kommen uneingeladen zu einer Studentenfeier und attackieren einige der Besucher. Der französische Student Jacques, gespielt von dem französischen Kickboxweltmeister Olivier Gruner, kommt Studenten zur Hilfe, die von den Gangmitgliedern verprügelt werden. Jacques muss sich mit mehreren Kämpfern auseinandersetzen. Es gelingt ihm, einen der Aggressoren am Hals zu greifen, und ihn so zu kontrollieren. Er führt nun mehrere Kniestöße aus und schlägt dann den Gegner mit einem Seitellbogen zu Boden.

Diese Szenen sind im Film »Angel Town« (1989) zu sehen.

Durchführung

Aus der Ausgangsstellung versuchen Sie, mit der vorderen Hand den Nacken des Gegners zu greifen. Gelingt dies, fassen Sie nun auch mit der hinteren Hand dessen Nacken. Würden Sie stattdessen mit beiden Händen gleichzeitig greifen, könnte er Sie mit einer Faust- oder Ellbogentechnik wirkungsvoll am Kopf treffen. Die Unterarme legen Sie übereinander und üben Druck auf den Kopf des Kontrahenten aus.

Stoßen Sie nun Ihr hinteres Knie in direkter Linie zum Gegner, wobei Sie die Ferse des Standbeines etwas anheben und Ihr Standbein nach außen drehen. Beim Treffen des Ziels schieben Sie Ihre Hüfte vor.

Weitere Techniken nach dem Greifen werden von Fortgeschrittenen im Thai-Boxen angewendet (vgl. Delp, »Thai-Boxen professional«).

A–E: Giovanni führt aus der Distanz einen Kniestoß mit Greifen aus. Auch diese Technik stammt aus dem Muay Thai und darf von ihm in seinen regulären Kickbox-Kämpfen nicht eingesetzt werden.

TECHNIKEN FÜR FORT- GESCHRITTENE

Techniken mit besonderen Anforderungen an Beweglichkeit und Körperbeherrschung

Nachdem Sie die Grundfähigkeiten erlernt haben, können Sie beginnen, die Techniken für Fortgeschrittene zu trainieren. Hierbei handelt es sich um hohe Tritte, Techniken aus der Drehung und Doppeltechniken. Als Doppeltechnik werden zwei einzelne Techniken bezeichnet, welche in einer Bewegungsfolge ausgeführt werden. Der Gegner erwartet üblicherweise nur eine Technik, weshalb er auch nur ver-

Oben: Liu Jian (Jet Li) verteidigt sich mit einem Rückwärtstritt in »Kiss of the Dragon«. .

Rechts: Drew Barrymore, Cameron Diaz und Lucy Liu in »3 Engel für Charlie«.

sucht, diese zu verteidigen. Ist er dann unkonzentriert, kann er mit der zweiten Technik überrascht und so voll getroffen werden.

Um ein guter Kämpfer zu sein, müssen Sie nicht alle Darbietungen in diesem Kapitel beherrschen und in Ihren Auseinandersetzungen einsetzen können. Ergänzen Sie Ihr Repertoire mit einigen dieser Techniken und entwikkeln Sie so einen Kampfstil, der für den Gegner schwer vorhersehbar ist. Einige dieser Techniken, z.B. der Rückwärtstritt, werden von zahlreichen Wettkämpfern beherrscht. Andere hingegen, wie beispielsweise den Axttritt, können nur wenige Kämpfer erfolgreich einsetzen. Dem legendären Schweizer-Vollkontaktkämpfer Andy Hug gelang es jedoch, den Axttritt in Perfektion auszuführen.

Um die Techniken für Fortgeschrittene zu trainieren, gehen Sie am besten so vor, dass Sie sich zuerst nur einige wenige aussuchen und diese trainieren, bis Sie sie wirklich beherrschen. Lernen Sie zuerst, die Techniken langsam in die Luft auszuführen, bevor Sie diese an Sandsack und Maisbirne einsetzen. Um eine Technik im Wettkampf oder zur Selbstverteidigung anwenden zu können, muss diese erst lange Zeit bis zur Vollkommenheit geübt werden.

1. Gedrehter Faustrückenschlag (Spinning-Backfist)

In Hongkong wird ein Kumite für die besten Vollkontaktkämpfer veranstaltet. Der Straßenkämpfer Ray Jackson will seine Fähigkeiten beweisen und beschließt, dort anzutreten. Ohne größere Schwierigkeiten erreicht er die Zwischenrunde, in der ihn der brutale Chong Li (Bolo Yeung) erwartet, der Sieger des Vorjahresturniers. Ray Jackson versucht gleich von Beginn an, das Kampfgeschehen zu bestimmen, und stürmt auf den Gegner los. Diesem gelingt es jedoch, zur Seite auszuweichen und Ray Jackson mit einem Halbkreistritt zum Magen zu treffen. Unbeeindruckt von dem Treffer kontert Ray Jackson mit einem Faustrückenschlag aus der Drehung, der voll ins Gesicht trifft.

Diese Filmszenen stammen aus »Bloodsport« (1988).

Durchführung

Sie befinden sich in der Kampfstellung. Stellen Sie Ihr vorderes Bein nach innen vorne ab und verlagern Sie Ihr Körpergewicht darauf.

Dann drehen Sie sich über Ihren vorderen Fuß, wobei Sie versuchen, so schnell wie möglich mit Ihrem Blick den Gegner wieder zu erfassen. Aus der Linksauslage drehen Sie sich im Uhrzeigersinn. Befinden Sie sich hingegen in der Rechtsauslage, müssen Sie entgegen dem Uhrzeigersinn rotieren. Nutzen Sie den Schwung aus der Drehung, um Ihren hinteren Arm zum Gegner zu schlagen. Getroffen wird mit den Faustknöcheln. Ihr Bein befindet sich während der Drehung in der Luft und wird gleichzeitig mit dem Treffen des Ziels abgestellt. Anschließend bewegen Sie sich schnell wieder in die Kampfstellung.

A–D: Martin zeigt eine gedrehten Faustrückenschlag am Sandsack..

E Martin zeigt den gedrehten Faustrückenschlag am Gegner

2. Innenristtritt
(Kreistritt mit Fußinnenseite)

Vor rund 5000 Jahren herrscht der brutale Memnon (Steven Brand) in Ägypten. Von der Stadt Gomorrah aus versucht er, sämtliche sich ihm widersetzenden Völker zu vernichten. Memnon ist ein Meister der Kampfkünste. Dies beweist er seinen Anhängern auf einem Übungsplatz in Gomorrah, als er gegen zwei mit Stöcken bewaffnete Kämpfer gleichzeitig antritt. Den Angriff des ersten Kämpfers wehrt er ab und schickt ihn dann mit einem Kreistritt mit der Fußinnenseite zu Boden. Anschließend widmet er sich dem zweiten Kämpfer.

Diese Filmszenen sind in »The Scorpion King« (2002) zu finden.

Durchführung

Sie befinden sich in der Kampfstellung. Verlagern Sie Ihr Körpergewicht auf ein Bein und reißen Sie das Knie des anderen Beins so hoch wie möglich nach außen in die Luft.

Dann treten Sie das Bein in einem kreisförmigen Bogen von außen nach innen zum Kopf des Gegners, wobei Sie das Trittbein strecken. Während der Durchführung drehen Sie Körper und Standbein in Trittrichtung mit und setzen Ihre Hüfte ein. Getroffen wird mit der Fußinnenseite. Anschließend führen Sie das Bein wieder in die Ausgangsposition zurück.

Achten Sie bei dieser Technik darauf, dass Sie Ihre Deckung nicht fallen lassen.

Um die Technik kraftvoll auszuführen, wird mit dem hinteren Fuß getreten. Der Einsatz des vorderen Fußes dient eher dazu, den Gegner zu irritieren und zu provozieren.

A–C: Martin zeigt einen Tritt mit der Fußinnenseite.

3. Rückwärtstritt (Back-Kick)

Wai Lin (Michelle Yeoh) vom chinesischen Sicherheitsdienst ermittelt gemeinsam mit James Bond vom britischen Geheimdienst gegen den Mediengiganten Elliot Carver, der zur Steigerung seiner Einschaltquoten einen Krieg zwischen China und Großbritannien anzetteln will. Als Wai Lin sich in ihr verstecktes Büro zu Nachforschungen begibt, wird sie von Handlangern des korrupten Generals Chang überfallen. Wai Lin bewirft den ersten mit einem Fahrradreifen und befördert den zweiten mit einem Rückwärtstritt von sich. Sie dreht sich bei dieser Technik entgegen dem Uhrzeigersinn und tritt mit ihrem linken Bein.

Diese Szenen werden in dem Bond-Film »Der Morgen stirbt nie« (1997) gezeigt.

Durchführung

Sie befinden sich in der Kampfstellung. Stellen Sie ein Bein seitlich nach innen ab und verlagern Ihr Körpergewicht darauf.

Drehen Sie sich nun mit dem Rücken zum Gegner und drehen Sie dabei das Standbein nach hinten. Gleichzeitig ziehen Sie das Knie des anderen Beines an. Aus der Linksauslage drehen Sie sich im Uhrzeigersinn, aus der Rechtsauslage, entgegen dem Uhrzeigersinn.

Dann treten Sie das angehobene Bein mit Hüfteinsatz zum Gegner. Einige Sportler schauen nach der Drehung zuerst auf den Gegner, andere treten instinktiv. Der Tritt erfolgt gerade zum Gegner, eng am eigenen Standbein vorbei. Getroffen wird mit der Ferse. Anschließend wird das Knie erst wieder angezogen, bevor das Bein abgestellt wird.

Die Technik wird zum Körper ausgeführt.

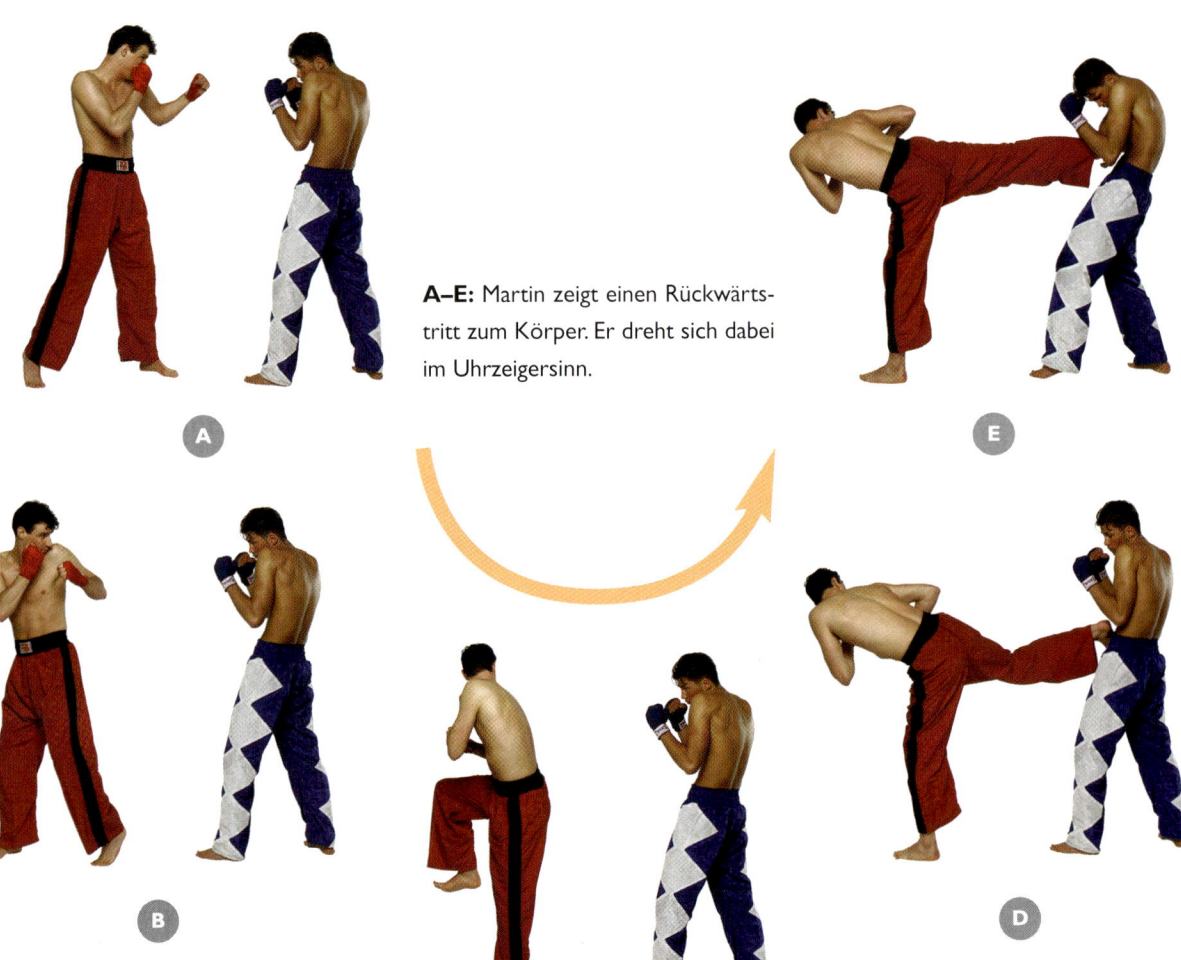

A–E: Martin zeigt einen Rückwärtstritt zum Körper. Er dreht sich dabei im Uhrzeigersinn.

Um die Technik zum Kopf auszuführen, wird nicht gerade am Standbein vorbei, sondern seitlich zum Kopf des Gegners getreten.

A–E: Steffen zeigt einen gedrehten Seitwärtstritt zum Kopf. Er dreht sich dabei entgegen dem Uhrzeigersinn.

4. Axttritt (Axe-Kick)

Der Wissenschaftler Fronsac wird im Jahr 1766 in eine französische Provinz gesandt, um eine Reihe grausamer Mordfälle aufzuklären, die eine Bestie verübt haben soll. Gemeinsam mit seinem indianischen Blutsbruder Mani (Marc Dacascos) übernimmt Fronsac die Untersuchung. Als eine große Treibjagd zum Fangen der Bestie veranstaltet wird, kommen Söldner, Abenteurer und Jäger zusammen, um sich die auf den Tod der Bestie ausgesetzte Belohnung zu verdienen. Mani wird dort von einer Gruppe verwegener Gestalten provoziert. Nachdem er den ersten Angriff von zwei der Halunken abgewehrt hat, trifft er bei einer erneuten Attacke einen der beiden mit einem Axttritt auf der Schulter, wovon dieser zurückfällt. Der Halunke zieht einige Grimassen, um sich zu sammeln, und greift dann Mani erneut an.

Diese Filmszenen stammen aus dem Film »Pakt der Wölfe« (2001).

Durchführung

Aus der Kampfstellung verlagern Sie Ihr Gewicht auf ein Bein. Reißen Sie das andere Bein weit von innen nach oben, bis es sich hoch über dem Ziel befindet. Halten Sie dabei die Beinmuskulatur entspannt. Gleichzeitig wird die Ferse des Standbeines angehoben und das Standbein nach außen gedreht.

Treten Sie nun das Bein mit Hüfteinsatz kraftvoll nach unten und spannen dazu die Beinmuskulatur an. Getroffen wird mit der Ferse. Achten Sie darauf, dass Sie beim Herunterreißen des Beines nicht die Deckung fallen lassen. Anschließend nehmen Sie schnell wieder die Kampfstellung ein.

Die Technik wird von oben auf den Kopf oder das Schlüsselbein ausgeführt.

A–D: Martin zeigt einen Axttritt mit dem vorderen Bein.

A–F: Steffen zeigt einen Axttritt mit dem hinteren Bein.

5. Außenristtritt
(Kreistritt mit Fußaußenseite)

Po Sing, Sohn eines chinesischen Mafiabosses, begibt sich mit seinen drei asiatischen Begleiterinnen in einen Club, der ausschließlich von Schwarzen besucht wird. Dort provoziert er die umstehenden Gäste mit seinem Verhalten, weshalb ihn das Clubpersonal auffordert, zu gehen. Es kommen jedoch die Handlanger seines Vaters in den Club, unter ihnen der stellvertretende Boss Kai (Russell Wong). Kai schickt Po und seine Begleiterinnen aus dem Club und möchte dann selbst die Lokalität verlassen. Er wird jedoch von dem Club-Personal aufgehalten und es kommt zum Kampf. Während des Gefechts versucht ihn einer der Kontrahenten mit einer Flasche zu schlagen. Kai gelingt es aber, die Attacke abzublocken. Dann führt er einen Kreistritt mit der Fußaußenseite zum Kopf des Angreifers aus, wovon der getroffene Kontrahent rückwärts in die Vitrine der Bar fällt.

Diese Szene stammt aus dem Vorspann des Films »Romeo Must Die« (2000).

Durchführung

Sie befinden sich in der Kampfstellung. Drehen Sie ein Bein etwas nach außen, verlagern Sie Ihr Körpergewicht darauf. Gleichzeitig reißen Sie das Knie des anderen Beins so hoch wie möglich nach innen in die Luft.

Treten Sie nun das Bein in einem kreisförmigen Bogen von innen nach außen zum Ziel, wobei Sie das Trittbein strecken. Während der Durchführung drehen Sie Körper und Standbein in Trittrichtung mit und setzen Ihre Hüfte ein. Getroffen wird mit der Fußaußenseite. Anschließend führen Sie das Bein wieder in die Ausgangsposition zurück. Achten Sie bei dieser Technik darauf, dass Sie Ihre Deckung nicht fallen lassen.

Die Technik kann mit dem hinteren und mit dem vorderen Fuß ausgeführt werden. Oft wird Sie auch dazu genutzt, dem Gegner die Deckung wegzutreten.

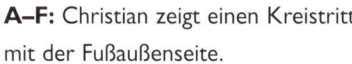

A–F: Christian zeigt einen Kreistritt mit der Fußaußenseite.

6. Hakentritt (Hook-Kick)

Die drei Engel Natalie, Dylan und Alex werden von Ihrem Boss Charlie beauftragt, den entführten Milliardär Knox zu befreien. Der Auftrag erweist sich jedoch als Falle von Knox, der sich an Charlie rächen will. Zuerst plant der Milliardär, die drei Engel zu beseitigen. Natalie, gespielt von Cameron Diaz, befindet sich gerade auf einer Toilette in einer Diskothek, als der Anschlag auf sie verübt wird. Der Attentäter versucht, sie von hinten mit einer Kette zu erwürgen. Natalie gelingt es jedoch, sich zu befreien, und sie attackiert nun ihrerseits den Gegner, um Informationen über Knox von ihm erfahren. Da dieser sie beleidigt, tritt sie ihn mit einem Hakentritt mit dem vorderen Bein bewusstlos.

Diese Filmszenen sind in »3 Engel für Charlie« (2000) zu sehen.

Durchführung

Aus der Kampfstellung ziehen Sie ein Knie zur gegenüberliegenden Schulter und heben dabei den Unterschenkel etwas an. Gleichzeitig drehen Sie den Oberkörper und die Hüfte der ausführenden Seite vor und das Standbein nach außen.

Dann treten Sie zum Kopf des Gegners, wobei Sie das Bein strecken und den Unterschenkel mit Hüfteinsatz zum Ziel schlagen. Gleichzeitig dreht sich das Standbein nach hinten. Getroffen wird mit der Ferse oder Fußsohle. Anschließend stellen Sie das Trittbein wieder zurück in die Kampfstellung.

Die Technik kann mit dem vorderen oder dem hinteren Bein ausgeführt werden.

A–C: Martin zeigt einen Hakentritt mit dem vorderen Fuß, vorbei er die Ferse einsetzt.

D: Martin zeigt die Ausführung mit der Fußsohle.

7. Gedrehter Hakentritt

Han Sin, gespielt von Jet Li, hat herausgefunden, dass sein Vater und dessen Stellvertreter Kai, gespielt von Russel Wong, verantwortlich für den Mord an seinem Bruder sind. Umgehend sucht er Kai auf und konfrontiert ihn mit seinem Wissen. Nahezu gleichzeitig beginnen sich die beiden mit Schlägen und Tritten zu attackieren. Han Sin gelingt es, einen Halbkreistritt zu blocken. Sofort nutzt er die Gelegenheit, seinerseits zu treffen, und führt einen Hakentritt aus der Drehung zum Kopf aus. Diese Technik trifft Kai so hart, dass er einige Meter zurückfällt.

Diese Szenen sind in »Romeo Must Die« (2000) zu sehen.

Durchführung

Sie befinden sich in der Kampfstellung. Stellen Sie Ihr vorderes Bein nach innen vorne ab und verlagern Sie Ihr Körpergewicht darauf.

Dann drehen Sie sich über Ihren vorderen Fuß, wobei Sie versuchen, den Gegner so schnell wie möglich wieder mit Ihrem Blick zu erfassen. Aus der Linksauslage drehen Sie sich im Uhrzeigersinn, aus der Rechtsauslage entgegen dem Urzeigersinn.

Während der Drehung heben Sie Ihr Bein an und drehen das Standbein so, dass die Ferse zum Ziel zeigt. In der Endphase der Drehung treten Sie kreisförmig von außen zum Kopf des Gegners, wobei Sie das Bein strecken und den Unterschenkel mit Hüfteinsatz zum Ziel schlagen. Getroffen wird mit der Ferse oder Fußsohle. Anschließend wird das Trittbein vorne abgesetzt und dann zurückgestellt, um sich wieder in der Kampfstellung zu begeben.

A–E: Martin zeigt einen gedrehten Hakentritt. Er dreht sich dabei im Uhrzeigersinn.

8. Fußfeger

Der junge Daniel, gespielt von Ralph Macchio, zieht mit seiner Mutter nach Kalifornien. Nachdem er sich dort mit seiner Mitschülerin Ali angefreundet hat, wird er von Alis Exfreund Johnny und dessen Gang terrorisiert. Der Karate-Meister Miyagi (Pat Morita) hilft Daniel bei einer Schlägerei mit der Bande und gewinnt so das Vertrauen von Daniel. Mit dem Sensei von Johnny und seinen Freunden einigt sich Miyagi darauf, dass Daniel gegen dessen Schüler im Rahmen der Karate-Meisterschaft antritt, aber bis dahin nicht weiter attackiert wird, um sich auf sein Training konzentrieren zu können. Es gelingt Miyagi, mit seinen ungewöhnlichen Trainingsmethoden Daniel so gut vorzubereiten, dass sich dieser bis ins Finale vorkämpft. Dort kommt es zur Auseinandersetzung mit Johnny. Daniel geht in Punktführung, wird aber dann von Johnny mit einem Fußfeger hart zu Fall gebracht. Diese Filmszenen sind in »Karate Kid« (1984) zu sehen.

Durchführung

Aus der Kampfstellung verlagern Sie Ihr Körpergewicht auf Ihr vorderes Bein. Dann treten Sie mit Ihrem hinteren Fuß in einer kreisförmigen Bewegung von außen gegen den gegenüberliegenden Fuß des Gegners, wobei Sie Ihre hintere Körperseite vordrehen. Getroffen wird mit der Fußinnenseite. Nach dem Treffen des Ziels ziehen Sie Ihren Fuß nach innen oben. Um den Kontrahenten dabei zu Boden zu drücken, können Sie gleichzeitig mit Ihrem hinteren Arm von vorne auf dessen Brustkorb oder Schulter drücken. Anschließend bewegen Sie Ihren Fuß zurück und nehmen wieder die Kampfstellung ein.

A–D: Martin führt einen Fußfeger aus.

9. Doppeltechniken

Die Brüder Thomas (Jackie Chan) und David (Yuen Biao) wollen ihre Freundin Sylvia, die Erbin eines Millionenvermögens, aus den Fängen von Verbrechern befreien. Gemeinsam mit dem Privatdetektiv Moby (Sammo Hung) stürmen sie eine mittelalterliche Festung, in der Sylvia gefangen gehalten wird. Thomas muss sich dort mit Thug (Benny »The Jet« Urquidez), dem besten Kämpfer der Gang, auseinandersetzen. In diesem Kampf agieren die beiden Kämpfer mit einer Vielzahl von Techniken. Auch die Doppeltechniken werden genutzt, um im Kampfgeschehen zu dominieren. Thomas wird beispielweise von Thug mit Halbkreistritt Körper-Kopf und Halbkreistritt-geradem Schlag attackiert.

Dieser Kampf gilt als zweitbester Kampf in der Filmgeschichte und ist am Ende des Filmes »Powerman« (1994) zu sehen.

Es gibt eine Vielzahl von Doppeltechniken, womit gemeint ist, dass zwei Techniken gleichzeitig in einer Bewegungsfolge ausgeführt werden. Im Folgenden werden Ihnen zwei Arten von Doppeltechniken vorgestellt. Bevor Sie jedoch mit dem Training dieser Bewegungsfolgen beginnen, müssen Sie die jeweiligen Einzeltechniken perfekt beherrschen. Ansonsten werden Sie mit der Anwendung dieser Techniken keinen Erfolg haben.

Durchführung Frontkick-Gerade

Aus der Kampfstellung ziehen Sie ein Knie zu Ihrem Oberkörper und richten den Fußballen zum Ziel. Wenn Sie die Technik mit dem hinteren Bein ausführen, drehen Sie zusätzlich die hintere Körperseite vor.

Dann treten Sie gerade mit Hüfteinsatz zum Gegner, wobei Sie das Standbein nach außen drehen. Während dieses Tritts halten Sie den Oberkörper aufrecht.

Anschließend stellen Sie das Trittbein nach vorne ab und schlagen gleichzeitig mit dem Abstellen des Beins eine Gerade mit der gleichen Körperseite zum Kopf. Dabei verlagern Sie das Körpergewicht nach vorne, um den Schlag kraftvoll ausführen zu können.

Diese Doppeltechnik wird meistens mit der vorderen Körperseite ausgeführt, ist aber auch mit der hinteren Körperseite anwendbar.

A–D: Martin zeigt die Doppeltechnik Frontkick-Gerade.

Durchführung Halbkreistritt Körper-Kopf

Aus der Kampfstellung heben Sie ein Bein an und drehen dabei das Standbein etwas nach außen. Das Knie zeigt in Richtung des Ziels und das Trittbein ist eingeklappt. Um den Kick mit dem hinteren Bein auszuführen, müssen Sie beim Anheben des Beines den Oberkörper und die Hüfte dieser Körperseite vordrehen.

Dann treten Sie den Unterschenkel in einer Schnappbewegung zu den Rippen des Gegners, wobei Sie die Hüfte einsetzen. Halten Sie Ihr Bein noch in der Luft, während Sie Ihren Unterschenkel zurückschnappen lassen. Nun reißen Sie das Bein etwas höher und treten den Unterschenkel zum Kopf des Gegners, wobei Sie die Hüfte vollständig eindrehen und das Standbein weiter nach außen drehen. Anschließend lassen Sie den Unterschenkel erst zurückschnappen, bevor Sie das Bein wieder in die Kampfstellung abstellen.

Diese Doppeltechnik wird meistens mit der vorderen Körperseite ausgeführt, ist aber auch mit der hinteren einsetzbar.

A–D: Martin zeigt den Halbkreistritt Körper-Kopf mit dem vorderen Bein.

GESPRUNGENE TECHNIKEN

Spektakuläre Techniken für Fortgeschrittene

Die gesprungenen Techniken sind die Highlights unter den Kampfsporttechniken. Sie begeistern die Kinobesucher ebenso wie die Besucher von Kampfveranstaltungen. In professionellen Muay-Thai-Kämpfen in Thailand wird beispielsweise oft dem Anwender einer herausragenden Technik wie eines gesprungenen Kniestoßes eine Sonderprämie gezahlt. Der Absprung dient aber auch dazu, die Technik kraftvoll auszuführen und den Gegner zu überraschen, so dass er ungeschützt getroffen werden kann.

Für die hier getroffene Auswahl war ausschlaggebend, dass die Techniken in den Kampfsportfilmen gerne genutzt werden, um die Zuschauer zu faszinieren. Die Techniken haben sich aber durchaus auch bei sportlichen Wettkämpfen als effektiv erwiesen und werden deshalb von Meistern der Kampfkünste bei Ihren sportlichen Auseinandersetzungen eingesetzt. Es gilt jedoch zu beachten, dass es teilweise Unterschiede zwischen den Ausführungen in Wettkämpfen und denen in Kampfsport-filmen gibt.

Im realen Kampf muss der Technikansatz möglichst unentdeckt bleiben, beispielsweise dürfen die Beine so wenig wie möglich gebeugt werden, ebenso muss darauf verzichtet werden, mit den Armen Schwung zu holen. Ansonsten wird der Gegner frühzeitig vor der Technik gewarnt und kann die Ausführung mit einer eigenen Technik unterbinden. Er kann beispielsweise mit einem Vorwärtstritt wirkungsvoll treffen, wenn sein

Oben: Blade (Wesley Snipes) führt im Kampf mit Nomak einen Rückwärtstritt im Sprung aus. »Blade II«.

Rechts: Wesley Snipes in »Blade II«.

Gegenüber vor dem Absprung tief die Beine beugt. Auch sollten Sie in einem realen Kampf nicht weit und sehr hochspringen, da Sie während der Flugphase nicht auf gegnerische Techniken reagieren können. Außerdem laufen Sie Gefahr, beim Aufkommen hart getroffen zu werden.

In einem Kampfsportfilm stellt sich der Sachverhalt jedoch anders dar. Ziel ist es dort, den Zuschauer zu unterhalten. Es gibt Filme, in denen darauf geachtet wird, dass die Techniken glaubhaft bleiben. In anderen hingegen sollen die Techniken besonders schön im Flug zu sehen sein, wozu dann oft die Darsteller an Seilen durch die Luft gezogen werden. Ehemalige Vollkontaktkampfsportler wie

Don Wilson und Olivier Gruner arbeiten in Ihren Filmen vorwiegend mit in der Realität anwendbaren Techniken. Auch Steven Seagal zeigt glaubhafte Techniken für den Einsatz in einer wirklichen Kampfsituation. In anderen Filmen wie beispielsweise »3 Engel für Charlie« (2000), »Matrix« (1999) und »Tiger & Dragon« (2000) werden jedoch auch viele schöne Flugtechniken eingebaut, die so in der Realität nicht einsetzbar sind.

Gesprungene Techniken sind schwierig auszuführen, deshalb müssen Sie zuerst die Grundtechniken perfekt beherrschen, um diese dann im Sprung zu trainieren. Die erfolgreiche Anwendung im Kampf setzt langwieriges Training voraus.

1. Hintere Gerade im Sprung

Der amerikanische Karate-Verband stellt eine Mannschaft zusammen, welche gegen ein Team der besten koreanischen Kämpfer antreten soll. Im Besprechungsraum des Trainingszentrums werden den amerikanischen Sportlern ihre Gegner vorgestellt. Für Tommy Lee (Philip Rhee) wird Dae Han ausgewählt, der beste koreanische Kämpfer, bisher ungeschlagen und Gewinner zahlreicher Weltmeisterschaften. Tommy bekommt ein Videotape über Dae Han vorgespielt, auf dem zu sehen ist, wie Dae Han mit einer hinteren Geraden im Sprung eine hochgehaltene Steinplatte zerschlägt. Mit dieser Technik beginnt der koreanische Kämpfer schließlich auch den Wettkampf gegen Tommy und schlägt ihn so zu Boden.

Diese Szenen sind im Film »Karate Tiger 4« (1989) zu sehen.

Durchführung

Sie befinden sich in der Kampfstellung. Verlagern Sie Ihr Gewicht auf Ihr vorderes Bein und springen Sie über dieses Bein ab.

Während des Sprungs führen Sie mit Ihrem hinteren Arm eine Gerade zum Gesicht des Gegners aus. Setzen Sie dabei Ihre Hüfte ein und drehen Sie Ihre hintere Körperseite vor. Achten Sie darauf, dass Sie kontrolliert mit dem Absprungbein zuerst auf dem Boden aufkommen und Ihre Deckung nicht fallen lassen. Anschließend nehmen Sie wieder die Kampfstellung ein.

Diese spektakuläre Technik ist selten in Vollkontaktkämpfen zu entdecken, da der erfolgreiche Einsatz schwierig ist. Gelingt es jedoch, die Technik anzuwenden, kann so sehr hart getroffen werden.

A–D: Giovanni zeigt die Ausführung einer Geraden im Sprung.

2. Ellbogenstoß im Sprung

Die Reapers, eine neue Rasse von Supervampiren, bedrohen die Welt. Erbarmungslos rotten sie Menschen und Vampire aus. Blade (Wesley Snipes) muss sich mit seinen ärgsten Feinden, den Vampiren, verbünden, um die Menschheit vor dem Untergang zu bewahren. Zusammen mit der Elite-Vampirtruppe Bloodpack nimmt er die Auseinandersetzung mit den Reapers auf. Im Entscheidungskampf trifft Blade auf Nomak, den Anführer der Supervampire. Im Kampfverlauf springt Blade hoch und führt eine Ellbogentechnik im Sprung aus. Diese Technik trifft Nomak voll im Gesicht und schleudert dessen Kopf hart zur Seite.

Diese Filmszenen stammen aus »Blade II« (2002).

Im Sprung können Sie mit dem Ellbogen von unten nach oben oder seitwärts stoßen. Im Folgenden wird die Technik von oben beschrieben, die recht häufig bei Vollkontaktkämpfen mit Ellbogeneinsatz zu sehen ist.

Durchführung

Aus der Kampfstellung verlagern Sie Ihr Gewicht auf das vordere Bein. Springen Sie über dieses Bein ab, reißen Sie dabei den hinteren Arm weit nach oben und strecken Sie den Körper in die Luft. Gleichzeitig drehen Sie die hintere Körperseite vor.

Dann stoßen Sie Ihren Ellbogen auf das Ziel hinunter und setzen dabei Ihr Körpergewicht ein. Getroffen wird mit dem Ellbogenknöchel frontal auf den Kopf oder das Nasenbein des Gegners. Achten Sie darauf, dass Sie kontrolliert auf dem Boden aufkommen, mit dem Absprungbein zuerst. Anschließend nehmen Sie wieder die Kampfstellung ein.

A–D: Christian zeigt einen Ellbogenstoß im Sprung.

3. Seitwärtstritt im Sprung

Die Ching-Dynastie befindet sich in ihren letzten Zügen, in der chinesischen Provinz Zhekiang herrschen korrupte Beamte über das Volk. Doch ein vermummter Rächer mit Namen Iron Monkey (Rongguang Yu) setzt sich für die geschundene Bevölkerung ein. Er entwendet den Verbrechern ihre erbeuteten Schätze und verteilt die Güter an Bedürftige. Als Iron Monkey eines Abends sieht, wie Kinder von einem Aufseher zur Arbeit gezwungen werden, eilt er ihnen zu Hilfe. Mit einem Seitwärtstritt springt er auf den Verbrecher zu und trifft ihn so, dass der einige Meter weit rückwärts zu Boden fliegt. Diese Szenen stammen aus dem Film »Flying Dragon« (1993).

Durchführung

Aus der Kampfstellung verlagern Sie Ihr Gewicht auf Ihr vorderes Bein und springen über dieses Bein ab. Während des Sprungs ziehen Sie Ihr hinteres Bein in Richtung der gegenüberliegenden Schulter und drehen Ihre hintere Körperseite vor.

Dann treten Sie das Bein mit Hüfteinsatz zum Körper oder Kopf des Gegners. Getroffen wird mit der Ferse oder Fußaußenkante. Achten Sie darauf, dass Sie kontrolliert auf dem Boden aufkommen, mit dem Absprungbein zuerst. Anschließend nehmen Sie wieder die Kampfstellung ein.

Die Technik ist auch mit dem vorderen Bein ausführbar, wenn Sie über das hintere Bein abspringen.

A–E: Martin zeigt einen Seitwärtstritt im Sprung mit dem hinteren Bein zum Körper.

F: Martin zeigt die Ausführung zum Kopf.

4. Rückwärtstritt im Sprung

Der Hongkonger Superpolizist Jackie Chan wird für einen gefährlichen Auftrag nach China beordert. Dort soll er mit dem chinesischen Geheimdienst zusammenarbeiten. Dessen Leiterin (Michelle Yeoh) will sich zuvor von Jackies Fähigkeiten überzeugen und bittet ihn zu einem Vergleichskampf mit einem der Geheimdienst-Ausbilder. Im Verlauf des Kampfes führt Jackie Chan einen gesprungene Kniestoß aus, wobei er sich über den Kopf des Sportpartners hochzieht. Der Ausbilder fällt etwas zurück, so dass Jackie genügend Platz hat, um einen Rückwärtstritt im Sprung einzusetzen. Dieser Kick befördert den Ausbilder einige Meter nach hinten gegen eine Säule.

Diese Szenen stammen aus dem Film »Police Story III« (1992).

Durchführung

Sie befinden sich in der Kampfstellung. Stellen Sie das vordere Bein seitlich nach innen ab und verlagern Sie Ihr Körpergewicht darauf.

Drehen Sie sich nun mit dem Rücken zum Gegner und springen Sie dabei vom Boden ab. Gleichzeitig ziehen Sie das Knie des anderen Beines an. Aus der Linksauslage drehen Sie sich im Uhrzeigersinn. Befinden Sie sich hingegen in der Rechtsauslage, müssen Sie entgegen dem Uhrzeigersinn rotieren.

Dann treten Sie das angehobene Bein mit Hüfteinsatz zum Gegner. Einige Sportler schauen nach der Drehung zuerst auf den Gegner, andere treten instinktiv. Der Tritt erfolgt gerade zum Ziel, eng am eigenen Standbein vorbei. Getroffen wird mit der Ferse, die sich dabei höher als die Fußzehen befindet. Anschließend kommen Sie kontrolliert mit dem Absprungbein zuerst auf dem Boden auf und nehmen wieder die Kampfstellung ein.

Die Technik wird üblicherweise mit dem hinteren Bein ausgeführt und ist häufig in Wettkämpfen zu entdecken.

A–D: Martin zeigt einen gesprungenen Rückwärtstritt zum Körper.

5. Halbkreistritt im Sprung

Der Fremdenlegionär Leon (Jean-Claude van Damme) will nur noch einmal bei einem illegalen Untergrundkampf starten. Mit diesem Kampf möchte er genug Geld verdienen, um mit seiner Familie an einem anderen Ort ein neues Leben beginnen zu können. Dafür hat er seine ganzen Ersparnisse auf sich selbst gesetzt. Doch seine Promotorin hat ihn über seinen Gegner Attila (Abdel Quissi) getäuscht. Statt als der erwartet schwache Gegner präsentiert sich Attila mit furchteinflößender Statur und außergewöhnlichen Kampf-Fähigkeiten. Zu Beginn der Auseinandersetzung kann Leon noch mithalten, doch als seine Rippenverletzung von Attila bemerkt wird, diktiert dieser das Geschehen. Nachdem Leon zum zweiten Mal niedergeschlagen wird, kommt er nur mit allergrößter Mühe vom Boden hoch. Doch plötzlich springt er hoch in die Luft und trifft Attila mit einem Halbkreistritt voll am Kopf, wovon dieser zu Boden muss. Nun gelingt es Leon, dem Kampf noch eine Wende zu geben.

Diese Szenen befinden sich am Ende des Films »Leon« (1990).

Durchführung

Aus der Kampfstellung verlagern Sie Ihr Gewicht auf Ihr vorderes Bein und springen über dieses Bein ab. Während des Sprungs heben Sie Ihr hinteres Bein an, das Knie zeigt dabei Richtung Ziel und das Bein ist eingeklappt. Gleichzeitig drehen Sie die Hüfte und den Oberkörper der hinteren Körperseite vor.

Noch während Sie sich in der Luft befinden, treten Sie den Unterschenkel mit Hüfteinsatz in einer Schnappbewegung zum Ziel. Getroffen wird mit dem Fußspann. Achten Sie darauf, dass Sie kontrolliert auf dem Boden aufkommen, mit dem Absprungbein zuerst. Anschließend nehmen Sie wieder die Kampfstellung ein.

Diese Technik wird zum Körper oder zum Kopf des Gegners angewendet. Sie ist auch mit dem vorderen Bein einsetzbar, mit dem aber weniger Wirkung erzielt werden kann.

In den Abbildungen ist gezeigt, wie die Technik in den Kampfsportfilmen ausgeübt wird. Tiefes Beugen der Beine und Schwung holen mit den Armen ermöglichen es, spektakulär zu fliegen. Auf diese Ausführung muss jedoch im Vollkontaktkampf verzichtet werden, da ansonsten der Gegner den Trittansatz frühzeitig erkennt und eigene Waffen einsetzen kann.

A–D: Christian zeigt einen Halbkreistritt im Sprung.

A–E: Steffen zeigt einen Halbkreistritt im Sprung am Partner.

6. Hakentritt im Sprung

Frank Dux (Jean-Claude van Damme) will seinen Kampfsport-Trainer ehren, der ihn einst auf den rechten Weg gebracht hat. Er reist nach Hongkong, um sich mit den weltbesten Kämpfern bei einem Kumite zu messen. Im Finalkampf trifft er auf den brutalen Chong Li (Bolo Yeung), der bisher ungeschlagen ist. Als Frank Dux nach einem harten Kampf die Oberhand gewinnt, stürmt Chong Li auf ihn zu, um noch einmal das Kampfgeschehen herumzureißen. Er wird jedoch mit einem gesprungenen Seitwärtstritt zum Körper gestoppt und bleibt benommen stehen. Frank führt nun hintereinander mehrere gesprungene gedrehte Hakentritte zu dessen Kopf aus, bis Chong Li schwer gezeichnet zu Boden fällt und aufgibt.

Diese Filmszenen stammen aus »Bloodsport« (1989).

Durchführung

Sie befinden sich in der Kampfstellung. Verlagern Sie Ihr Körpergewicht auf ein Bein und drehen Sie gleichzeitig die Schulter und die Hüfte der ausführenden Seite vor. Beugen Sie nun das Bein und springen Sie darüber ab. Im Sprung ziehen Sie das Knie des anderen Beines in Richtung der gegenüberliegenden Schulter und heben dabei den Unterschenkel etwas an.

Dann treten Sie zum Kopf des Gegners, wobei Sie das Bein strecken und den Unterschenkel mit Hüfteinsatz zum Ziel schlagen. Getroffen wird mit der Ferse oder der Fußsohle. Anschließend kommen Sie kontrolliert mit dem Absprungbein zuerst auf dem Boden auf und nehmen wieder die Kampfstellung ein.

Dieser Tritt kann mit dem vorderen oder mit dem hinteren Bein ausgeführt werden.

A–D: Steffen zeigt einen Hakentritt im Sprung. Er befindet sich dabei in der Linksauslage und tritt mit seinem vorderen Bein.

Durchführung aus der Drehung

Aus der Kampfstellung stellen Sie Ihr vorderes Bein nach innen ab und verlagern Ihr Körpergewicht darauf. Dann drehen Sie sich über Ihren vorderen Fuß, wobei Sie versuchen, den Gegner so schnell wie möglich wieder mit Ihrem Blick zu erfassen. Aus der Linksauslage drehen Sie sich im Uhrzeigersinn. Befinden Sie sich in der Rechtsauslage, müssen Sie entgegen dem Uhrzeigersinn rotieren.

Während der Drehung springen Sie über Ihr Standbein vom Boden ab und heben dabei Ihr anderes Bein an. In der Endphase der Drehung treten Sie kreisförmig von außen zum Kopf des Gegners, wobei Sie das Bein strecken und den Unterschenkel mit Hüfteinsatz zum Ziel schlagen. Getroffen wird mit der Ferse oder mit der Fußsohle. Achten Sie darauf, dass Sie kontrolliert auf dem Boden aufkommen, mit dem Absprungbein zuerst. Anschließend nehmen Sie wieder die Kampfstellung ein.

A–F: Martin zeigt einen gedrehten Hakentritt im Sprung. Er dreht sich dabei im Uhrzeigersinn und tritt mit seinem hinteren Bein.

7. Vorwärtstritt im Sprung

Li Mu Bai (Chow Yun Fat) möchte nicht mehr kämpfen und verschenkt deshalb sein berühmtes Schwert an den hohen Rat. Das Schwert wird jedoch von der verkleideten Gouverneurstochter Jen (Zhang Ziyi) gestohlen. Yu Shu Lien (Michelle Yeoh), die Kampfgenossin von Li Mu Bai, nimmt die Verfolgung auf. Dabei kommt es vor einem Tor zum Kampf zwischen den beiden. Nachdem sie sich mit gedrehten Kicks und Halbkreistritten attackiert haben, versucht Yu Shu Lien einen gesprungen Vorwärtstritt einzusetzen, Jen springt dabei in den Split-Kick. Sofort nach dem Aufkommen auf dem Boden probieren beide, mit einem gesprungen Vorwärtstritt einen Kampfvorteil zu erzielen. Kurz danach gelingt Jen die Flucht.
Diese Szenen sind im Film »Tiger & Dragon« (2000) zu sehen.

Durchführung

Sie befinden sich in der Kampfstellung. Verlagern Sie Ihr Gewicht auf Ihr vorderes Bein, beugen es etwas und springen dann über dieses Bein vom Boden ab.
Im Sprung reißen Sie Ihr hinteres Knie zum Oberkörper und drehen dabei die hintere Körperseite vor. Dann treten Sie gerade mit Hüfteinsatz zur Brust oder zum Kopf des Gegners. Getroffen wird mit dem Fußballen oder dem ganzen Fuß. Anschließend kommen Sie kontrolliert mit dem Absprungbein zuerst auf dem Boden auf und nehmen wieder die Kampfstellung ein.
Die Technik ist auch mit dem vorderen Bein einsetzbar, mit dem aber weniger Wirkung erzielt werden kann.

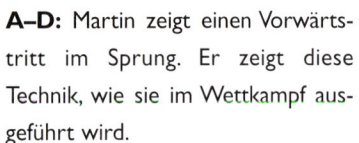
A–D: Martin zeigt einen Vorwärtstritt im Sprung. Er zeigt diese Technik, wie sie im Wettkampf ausgeführt wird.

A–D: Christian und Steffen zeigen gleichzeitig den gesprungen Vorwärtstritt, wie er häufig in Kinofilmen ausgeführt wird. Sie holen Schwung und beugen die Beine tief, um möglichst hoch und spektakulär springen zu können.

8. Kniestoß im Sprung

Der in Afrika stationierte Fremdenlegionär Leon (Jean-Claude van Damme) flieht von seiner Einheit, um seinen verletzten Bruder in den Vereinigten Staaten aufzusuchen. Vollständig mittellos kommt er dort an und beschließt deshalb, bei regellosen Kämpfen für Geld anzutreten. In seinem ersten Kampf gelingt es Leon, seinen Kontrahenten mit einem gesprungen Kniestoß in die Zuschauermenge zu befördern. Wütend stürmt der Kämpfer daraufhin auf ihn zu. Leon stoppt ihn jedoch mit einem gesprungenen Seitwärtstritt zum Magen und nutzt dann dessen Benommenheit aus. Leon springt hoch, zieht dabei den Kopf des Kontrahenten nach unten und stößt mit seinem Knie zu dessen Kopf. Bewusstlos fällt der Gegner rückwärts zu Boden.

Diese Filmszenen stammen aus »Leon« (1990).

Sie können die Technik mit Greifen nur anwenden, wenn der Gegner benommen oder unaufmerksam ist. Ansonsten müssen Sie den gesprungenen Kniestoß ohne vorheriges Greifen aus der Distanz ausführen.

Durchführung

Sie befinden sich in der Kampfstellung. Verlagern Sie Ihr Gewicht auf Ihr vorderes Bein und greifen gleichzeitig nach dem Hinterkopf des Gegners.

Springen Sie nun über Ihr vorderes Bein vom Boden ab, wobei Sie den Kopf des Gegners nach unten ziehen. Während des Sprungs stoßen Sie mit Ihrem hinteren Bein gerade zum Ziel und schieben im Moment des Treffens Ihre Hüfte vor, um die Technik kraftvoll auszuführen. Anschließend kommen Sie kontrolliert mit dem Absprungbein zuerst auf dem Boden auf und nehmen wieder die Kampfstellung ein.

A–D: Christian zeigt einen Kniestoß im Sprung.

9. Doppel-Vorwärtstritt im Sprung

Wong Fei Hung (Jackie Chan) beherrscht die Kunst des »Drunken Boxing«. Dieser Kampfstil ist am effektivsten, wenn der Anwender betrunken ist, da er in diesem Bewusstseinszustand für den Gegner unberechenbar ist. Wong Fei Hung erfährt von seinen Freunden, dass Verbrecher chinesische Kulturgüter außer Landes schmuggeln wollen. Gemeinsam nehmen sie den Kampf gegen die Bande auf und stürmen eine Fabrik, in der die Waren verpackt werden. Wong Fei Hung muss zahlreiche Kämpfe bestehen, bevor es ihm gelingt, einen der Verantwortlichen zu stellen. Doch von den Kämpfen geschwächt, kann sich Wong in der Auseinandersetzung mit diesem Gangster nur noch behaupten, indem er sich mit Industriealkohol betrinkt. Dieses Mittel verbessert seinen Kampfstil und gibt ihm neue Kraft. Eine Attacke mit einem Stuhl blockt Wong Fei Hung ab. Dann kontert er durch einen doppelten gesprungenen Vorwärtstritt, womit er den Stuhl zertritt und den Gegner einige Meter weit von sich befördert.

Diese Szenen stammen aus »Drunken Master« (1994).

Durchführung

Aus der Kampfstellung verlagern Sie Ihr Gewicht auf Ihr vorderes Bein, beugen es etwas und springen dann darüber vom Boden ab.

Im Sprung treten Sie mit dem hinteren Bein zum Körper des Gegners, wobei Sie Ihre Hüfte einsetzen. Noch während Sie in der Luft sind, führen Sie mit dem anderen Bein einen weiteren Vorwärtstritt zum Kopf aus. Sie kommen mit dem Bein zuerst auf dem Boden auf, mit welchem Sie Ihren ersten Tritt ausgeführt haben. Anschließend nehmen Sie wieder die Kampfstellung ein.

Diese Technik ist vorwiegend in Kampfsportfilmen zu bewundern. In sportlichen Vergleichen wird sie äußerst selten eingesetzt, da ihre erfolgreiche Anwendung sehr schwierig ist.

A–E: Steffen zeigt einen Doppel-Vorwärtstritt im Sprung.

10. Doppel-Seitwärtstritt im Sprung

Die amerikanische Karate-Nationalmannschaft wird nach Seoul eingeladen, um gegen die beste koreanischen Mannschaft anzutreten. Der Amerikaner Tommy Lee (Phillip Rhee) muss dabei gegen Dae Han antreten, den ungeschlagenen Champion der Koreaner. Tommy wird gleich zu Beginn des Kampfgeschehens von einer gesprungenen Geraden getroffen und muss zu Boden. Er fängt sich wieder und attackiert seinen Gegner mit einer Angriffskombination. Dae Han gelingt es jedoch auszuweichen und einen gesprungenen Doppel-Seitwärtstritt auszuführen. Dabei trifft er Tommy zuerst mit dem linken Bein, dreht sich im Uhrzeigersinn und tritt noch in der Luft mit dem rechten Bein. Tommy fällt hart getroffen zu Boden und schafft es nur mit größter Mühe, noch einmal aufzustehen.

Diese Filmszenen stammen aus »Karate Tiger 4« (1989).

Durchführung

Sie befinden sich in der Kampfstellung. Beugen Sie Ihr vorderes Bein und verlagern Ihr Gewicht darauf, um Schwung zu holen. Dann springen Sie über dieses Bein vom Boden ab und ziehen dabei Ihr hinteres Knie in Richtung der gegenüberliegenden Schulter. Gleichzeit drehen Sie die Hüfte und die Schulter der hinteren Körperseite vor.

Dann treten Sie das angehobene Bein mit Hüfteinsatz zum Körper des Gegners und drehen sich nun mit dem Rücken zum Gegner. Noch während Sie sich in der Luft befinden, führen Sie einen Seitwärtstritt mit dem anderen Bein aus. Sie kommen mit dem Bein zuerst auf dem Boden auf, mit dem Sie Ihren ersten Tritt ausgeführt haben. Anschließend nehmen Sie wieder die Kampfstellung ein.

Diese Technik ist in vorwiegend in Kampfsportfilmen zu bewundern. In sportlichen Vergleichen wird sie äußerst selten eingesetzt, da ihre erfolgreiche Anwendung sehr schwierig ist.

A–H: Steffen zeigt einen Doppel-Seitwärtstritt im Sprung. Er führt den Sprung entgegen dem Uhrzeigersinn aus.

11. Split-Kick

Kurt Sloane (Jean-Claude van Damme) möchte die thailändische Kampfkunst »Muay Thai« erlernen, um gegen den brutalen Champion Tong Po anzutreten. Der zurückgezogen lebende Xian ist verrückt genug, um Kurt bei sich aufzunehmen und ihn für sein Vorhaben zu trainieren. Mit unkonventionellen Methoden formt er Kurt zu einem Spitzenkämpfer. In einer Kneipe will Xian den Promotor Freddy Li von Kurts Fähigkeiten überzeugen. Xian macht Kurt betrunken und veranlasst ihn, mit seinem Verhalten die anderen Gäste zu provozieren. Als Xian denen dann auch noch erzählt, dass sein Schützling sie für schlechte Kämpfer halte, haben diese genug und attackieren Kurt. Während der Auseinandersetzung wird Kurt gleichzeitig von der rechten Seite und von der linken Seite von je einem Kämpfer angegriffen. Er springt hoch in den Split-Kick und tritt so beide Angreifer gleichzeitig bewusstlos. Diese Filmszenen stammen aus »Karate Tiger 3 – Der Kickboxer« (1989).

Durchführung

Sie stehen gerade, die Beine befinden sich parallel nebeneinander. Nun beugen Sie Ihre Beine etwas, um Schwung für den Absprung zu holen, halten dabei aber den Oberkörper aufrecht.

Springen Sie nun vom Boden ab und reißen Sie gleichzeitig die Knie soweit als möglich nach außen hoch. Dann treten Sie mit beiden Beinen zu den Zielen, indem Sie die Unterschenkel nach außen schnappen lassen. Anschließend kommen Sie mit beiden Beinen gleichzeitig wieder auf dem Boden auf.

A–C: Christian zeigt den Split-Kick.

TRAININGS-STUNDE

*Einteilung einer Trainingsstunde,
einschließlich Dehnprogramm*

Ein Kampfsport-Training besteht aus den Phasen »Warm-Up«, »Hauptteil« und »Cool-Down«. In der Aufwärmphase müssen Sie Ihren Körper auf das Training vorbereiten. Hierzu machen Sie einige Übungen zum Erwärmen des Körpers und dehnen danach Ihre Muskulatur.

Im Hauptteil des Trainings studieren Sie einzelne Techniken und Technik-Kombinationen ein und überprüfen deren Ausführung. Danach müssen Sie das Erlernte schnell und kraftvoll an Trainingsgeräten wie Sandsack, Maisbirne und Punchingball üben. Wenn Sie gemeinsam mit einem Partner trainieren, können Sie in diesen Abschnitt auch Pratzenarbeit und Partnerübungen einfügen. Fortgeschrittene haben außerdem die Möglichkeit, sich im Sparring zu üben.

Besitzen Sie anschließend noch Energie, können Sie die dritte Trainingsphase mit einigen leichten Übungen zur Kräftigung Ihrer Muskulatur beginnen. Konzentrieren Sie sich hierbei auf die Rumpfmuskulatur und auf im bisherigen Training vernachlässigte Muskelgruppen wie beispielsweise die Außenrotatoren. Das Training wird mit einigen Stretchübungen und dem Abwärmen der Muskulatur

Kampfsport-Workout	
1. Warm-Up	
1.1 Erwärmen	Dauer: 5–10 min
Übungen zum Erwärmen des Körpers	
1.2 Stretching	Dauer: mind. 10 min
Intensives Dehnen der Muskulatur	
2. Hauptteil	
2.1 Technikphase	Dauer: 10–20 min
Überprüfen der Grundtechniken vor einem Spiegel	
Einstudieren von Kombinationen	
2.2 Power-Phase	Dauer: 15–45 min
Schattenboxen	Runden: 1–3
Training an Geräten (Sandsack, Maisbirne etc.)	Runden: 2–10
3. Cool-Down	
3.1 Muskelworkout	Dauer: 10–20 min
Kräftigen der Muskulatur	
3.2 Stretching	Dauer: 3–5 min
Leichtes Dehnen der trainierten Muskulatur zur Regeneration	
3.3 Abwärmen	Dauer: zirka 5 min
Ausführen der Übungen mit geringer Intensität	

THE TUXEDO
GEFAHR IM ANZUG

Jackie Chan und Jennifer Love Hewitt in »The Tuxedo«.

abgeschlossen. Diese Inhalte helfen dem Körper, schnell zu regenerieren, und verhindern, dass Verspannungen und Verhärtungen in der Muskulatur entstehen.

Die in der Tabelle angegebenen Zeiten dienen als Orientierungshilfen. Passen Sie diese Angaben an Ihre eigenen Bedürfnisse und an Ihren Leistungsstand an. Möchten Sie beispielsweise Ihre Beweglichkeit gezielt verbessern, können Sie das Dehnprogramm intensivieren. Ist Ihnen der Hauptteil zu intensiv, kürzen Sie die Zeitvorschläge und Rundenzahlen. Das Muskelworkout können Sie weglassen, wenn Sie bereits regelmäßig an anderen Trainingstagen Ihre Muskulatur kräftigen. Sie müssen sich aber in jeder Trainingseinheit aufwärmen, dehnen und abwärmen.

Warm-Up

In der Warm-Up-Phase bereiten Sie Ihren Körper auf das Training vor. Dazu müssen Sie sich zuerst erwärmen und dann dehnen. Der Körper wird so leistungsfähiger und ist weniger anfällig für Verletzungen.

Erwärmen

Ihr Kampfsporttraining beginnen Sie mit einer Betätigung, die Ihren Körper erwärmt und so auf die Trainingsbelastung vorbereitet. Wählen Sie eine Übung aus, die sich in gleichmäßiger Geschwindigkeit durchführen lässt. Sie sollten sich dabei wohlfühlen, ohne sich überanstrengen zu müssen. Vermeiden Sie Extremsituationen und führen Sie keine schnellen und ruckartigen Bewegungen aus. In dieser Phase geht es darum, den Korper auf das Training einzustimmen, ohne sich dabei schon zu verausgaben. Wählen Sie eine Intensität, in der Sie sich gerade noch unterhalten können. Die Bewegungen sollten etwa für die Dauer von fünf bis zehn Minuten ausgeführt werden, am besten so lange, bis der Körper erste Schweißtropfen bildet. Dann sind Sie in der besten körperlichen Verfassung, um mit den Dehnübungen zu beginnen.

Als Trainingsgeräte können in dieser Phase beispielsweise ein Fahrradergometer, ein Sprungseil oder ein Stepper genutzt werden. Sie können sich aber auch mit Joggen, Laufen oder schnellem Gehen auf der Stelle erwärmen. Auch die Trainingsform »Boxen auf der Stelle« ist hierfür geeignet. Bei dieser stehen Sie aufrecht, mit schulterbreit auseinandergestellten Beinen, und schlagen

ohne Unterbrechung Aufwärtshaken, Geraden in Kopfhöhe und Geraden hoch in die Luft. Währenddessen ziehen Sie abwechselnd Ihre Knie hoch, ohne die Standposition zu verlassen. Die Übung wird einige Minuten lang fortgeführt.

Giovanni beim Seilspringen.

Stretching

Nachdem Sie Ihren Körper erwärmt haben, können Sie mit dem Stretching beginnen. Dehnen Sie alle Muskelgruppen, die Schwachstellen besonders intensiv. Durch das Dehnen verringert sich die Spannung in der Muskulatur und der Körper wird beweglich. Ohne umfangreiches Dehnprogramm besteht die Gefahr, dass Sie sich bei der Ausführung von Kampfsporttechniken verletzen. Außerdem ist sonst der Körper nicht optimal auf die bevorstehende Tätigkeit vorbereitet und kann keine Höchstleistungen erbringen.

Dehnen können Sie sich grundsätzlich, so oft Sie wollen. Bemerken Sie an sich verspannte Muskulatur, dehnen Sie diese und fühlen Sie, wie sich die Verspannungen lösen. Dehnübungen müssen jedoch regelmäßig ausgeführt werden, auch wenn Sie mit dem Kampfsport-Training aussetzen. Nach einer Zeitspanne von einigen Monaten mit zahlreichen Dehneinheiten werden Sie »extreme« Bewegungen, wie beispielsweise hohe Kicks, ausführen können.

Für das Dehnprogramm sollten Sie mindestens eine Dauer von zehn Minuten vorsehen. Stellt die Verbesserung der Beweglichkeit jedoch das Hauptziel Ihrer Trainingseinheit dar, können Sie diese Phase beliebig verlängern.

Dehnmethode: In der bekanntesten Form des Stretchings wird in zwei Dehnphasen unterschieden: dem leichten und dem fortschreitenden Dehnen. Diese Methode wurde von Bob Anderson weltweit bekannt gemacht (vgl. Anderson 1996, S. 16–20).

In der ersten Stretchphase nehmen Sie vorsichtig eine Position ein, in der Sie eine leichte Dehnspannung spüren. Halten Sie diese Stellung für einige Sekunden und entspannen Sie bewusst den Muskel. Über die exakte Ausführung gibt es verschiedene Auffassungen. Der Autor empfiehlt Ungeübten, lautlos auf 20 Sekunden zu zählen und so lange in der Stellung zu bleiben. Mit fortschreitender Stretcherfahrung orientieren Sie sich an dem eigenen Körperempfinden und nicht mehr an der Zeitdauer.

Die Dehnspannung sollte nach kurzer Zeit etwas nachlassen. Auch wenn Sie das nicht spüren, sollten Sie sich in der Position wohl fühlen und entspannen können. Ist dies nicht der Fall, müssen Sie etwas nachgeben und die Dehnspannung verringern.

In der zweiten Stretchphase wird die Dehnposition intensiviert, bis eine erneute Dehnspannung zu spüren ist. Anschließend wird auch diese Stellung für 20 Sekunden gehalten. Auch die erweiterte Position muss als angenehm empfunden werden, ansonsten müssen Sie diese korrigieren.

Zum Abschluss bewegen Sie sich vorsichtig aus der Dehnposition heraus.
- Bringen Sie den Muskel langsam in eine Position, in der Sie eine leichte Dehnspannung spüren.
- Halten den Sie ihn etwa 20 Sekunden in dieser Stellung (1. Phase).
- Erweitern Sie die Dehnung, bis eine erneute Spannung zu spüren ist. Halten Sie auch diese Stellung für etwa 20 Sekunden (2. Phase).
- Lösen Sie sich vorsichtig aus der Dehnung.

(Delp 2002, »Bodytraining«, S. 31–32).

Regeln: Nehmen Sie eine stabile Ausgangsposition ein, damit Sie sich vollständig auf die Dehnung konzentrieren können. Besonders bei einer hohen Dehnintensität kann Wackeln dazu führen, dass Sie die optimale Position überschreiten und sich verletzen.

Bewegen Sie sich langsam und vorsichtig, um die richtige Dehnposition zu finden. Ruckartige Bewegungen können zu schwerwiegenden Verletzungen führen. Lösen Sie sich anschließend wieder ebenso vorsichtig aus der Dehnposition.

Das eigene Leistungsvermögen entscheidet über die Dehnposition. Versuchen Sie nicht, die gleiche Dehnposition wie Ihr Trainingspartner oder die Darsteller im Buch einzunehmen, sondern orientieren sich an Ihrem eigenen Empfinden, da jeder Mensch andere körperliche Voraussetzungen hat. Außerdem werden Sie feststellen, dass die eigene Muskelspannung von Tag zu Tag unterschiedlich ist.

Sie dürfen niemals versuchen, eine Dehnposition mit Gewalt zu erreichen. Bei Schmerzen müssen Sie umgehend die Dehnposition verringern, da sich der Muskel ansonsten weiter verhärtet, statt sich zu lockern. Nur wenn Sie den entspannten Muskel langsam an die neue Dehnposition gewöhnen und dies regelmäßig ausführen, wird sich Ihre Beweglichkeit verbessern.

Wenn Sie die richtige Dehnposition gefunden haben, konzentrieren Sie sich auf den zu dehnenden Muskel. Entspannen Sie ihn und die gesamte Muskulatur. Atmen Sie während des Dehnens langsam und gleichmäßig, und achten Sie darauf, wie die Spannung im Muskel nachlässt. Erweiterungen der Dehnposition werden während des Ausatmens vorgenommen.

Um Ihre Beweglichkeit langfristig zu erhalten beziehungsweise zu verbessern, müssen Sie sich regelmäßig dehnen. Dehnen Sie sich mindestens zweimal wöchentlich und vermeiden Sie große Pausen zwischen den Dehntagen. Ein zeitlicher Mindestabstand zwischen zwei Dehntagen muss nicht eingehalten werden, da das Dehnen entsprechend obiger Methode den Körper regeneriert und nicht beansprucht.

Dehnen in Perfektion.

Übungsfolge beim Stretchen: Im Folgenden wird Ihnen ein Dehnprogramm vorgestellt, welches Sie für den Einstieg in das Kampfsporttraining nutzen können. Dieses Programm kann von jedem genutzt werden, da mit diesem alle wichtigen Muskelgruppen gedehnt werden. Passen Sie es aber im Laufe der Zeit an Ihre individuelle Bedürfnisse und Ihr verbessertes Leistungsvermögen an. Neue Übungen und Übungsvarianten, um das Programm zu verändern, sind auch in dem Buch »Bodytraining für Zuhause basics« (Delp, 2002) zu finden.

Bei Änderungen an dem Programm ist jedoch stets darauf zu achten, dass alle Muskelgruppen integriert bleiben. Auch muss eine Muskelgruppe immer zuerst isoliert gedehnt werden, bevor diese in eine Komplexübung eingebaut wird. Beispielsweise wird zuerst die Wadenmuskulatur gestretcht, bevor eine Komplexübung für die rückwärtige Beinmuskulatur gemacht wird. So vermeiden Sie, dass die Wadenmuskulatur die Ausführungsintensität einschränkt.

Es empfiehlt sich, zur Dehnung der wichtigsten Muskelgruppen nach folgender Reihenfolge vorzugehen:

1. Hals- und Nackenmuskulatur
2. Unterarmmuskulatur
3. Brust- und vordere Oberarmmuskulatur
4. Schulter- und hintere Oberarmmuskulatur
5. Bauchmuskulatur
6. Rückenmuskulatur
7. Unterschenkel- und Fußmuskulatur
8. Hüftbeuge- und vordere Oberschenkelmuskulatur
9. Hintere Oberschenkelmuskulatur
10. Innere Oberschenkelmuskulatur
11. Gesäß- und äußere Oberschenkelmuskulatur

A: Dehnung der Hals- und Nackenmuskulatur. Legen Sie den Kopf zur rechten Seite ab und ziehen den linken Arm nach unten. Die Dehnung können Sie intensivieren, indem Sie mit der rechten Hand über den Kopf greifen und ihn nach unten drücken. Anschließend führen Sie die Übung zur linken Seite aus.

B: Dehnung der Hals- und Nackenmuskulatur. Beugen Sie den Kopf langsam nach vorne und spannen Sie gleichzeitig die Schultern nach hinten. Dann drücken Sie mit den Handflächen leicht auf den Hinterkopf, um die Dehnung zu intensivieren.

C: Dehnung der oberen Rückenmuskulatur, der äußeren Arm-, Schulter- und Bauchmuskulatur. Führen Sie die Finger ineinander und strecken Sie die Arme zuerst nach vorne, wobei Sie die Handinnenflächen vom Körper wegdrehen. Dann führen Sie die Arme nach oben und strecken gleichzeitig den Körper mit.

A: Dehnung der Brust- und vorderen Oberarmmuskulatur. Sie stehen im Ausfallschritt, die Arme sind U-förmig angehoben. Drücken Sie den Brustkorb vor und bewegen gleichzeitig die Arme nach hinten, bis Sie eine leichte Dehnspannung spüren.

B: Dehnung der Schulter- und der oberen Rückenmuskulatur. Halten Sie den rechten Arm waagrecht, so dass sich der Ellbogen etwa in Kinnhöhe befindet. Mit der linken Hand fassen Sie nun oberhalb des Ellbogens und drücken so den rechten Arm hinter den Körper. Führen Sie anschließend die Übung mit dem linken Arm aus.

C: Dehnung der hinteren Oberarm- und der Schultermuskulatur. Der rechte Unterarm hängt hinter dem Kopf nach unten, wobei der Oberarm etwa in senkrechter Position ist. Nun drücken Sie mit der linken Hand gegen den rechten Ellbogen und ziehen so den Arm gerade nach unten. Anschließend führen Sie die Übung mit dem linken Arm aus.

D: Dehnung der Schultermuskulatur, der Brust- und der Armmuskulatur. Der rechte Unterarm hängt hinter dem Kopf nach unten, wobei der Oberarm etwa in senkrechter Position ist. Dann führen Sie langsam den linken Unterarm hinter dem Rücken von unten nach oben, bis sich beide Hände greifen können. Führen Sie anschließend die Übung mit dem linken Arm aus.

E: Dehnung der seitlichen Brust- und der Rückenmuskulatur. Strecken Sie den rechten Arm in die Luft und knicken dann den Oberkörper zur linken Seite ab. Achten Sie darauf, dass Sie mit dem Oberkörper auf einer Linie bleiben und nicht zur Seite ausweichen. Anschließend führen Sie die Übung zur rechten Seite aus.

A: Dehnung der Wadenmuskulatur. Sie befinden sich im Ausfallschritt, das hintere Bein ist leicht gebeugt. Strecken Sie das hintere Bein langsam durch und drücken die Ferse in Richtung Boden, bis Sie eine leichte Dehnspannung spüren.

B: Dehnung der Rücken- und der hinteren Oberschenkelmuskulatur. Sie stehen gerade, die Füße sind eng beieinander und die Knie sind durchgedrückt. Bewegen Sie den Oberkörper langsam nach unten.

C: Dehnung der Hüftbeugebeugemuskulatur. Sie befinden sich im Ausfallschritt. Legen Sie das hintere Bein auf dem Boden ab und drücken dann langsam die Hüfte vor, bis Sie eine leichte Dehnspannung spüren.

D: Dehnung der Hüftbeuge- und der vorderen Oberschenkelmuskulatur. Sie befinden sich im Ausfallschritt. Legen Sie zuerst das hintere Bein ab und ziehen Sie dann den Unterschenkel Richtung Gesäß. Dann drücken Sie langsam die Hüfte vor.

E: Dehnung der hinteren Oberschenkelmuskulatur, der Hüftbeuge- und der vorderen Oberschenkelmuskulatur. Sie befinden sich im Ausfallschritt, das hintere Bein ist abgelegt. Drücken Sie nun langsam die Hüfte und gleichzeitig das vordere Bein vor, bis Sie eine leichte Dehnspannung spüren. Fortgeschrittene können sich so bis in den Spagat bewegen.

A: Dehnung der inneren und der hinteren Oberschen-kelmuskulatur und der Rückenmuskulatur. Aus dem Stand spreizen Sie die Beine nach außen, bis Sie eine leichte Dehnspannung spüren. Achten Sie darauf, dass die Hüfte nicht nach hinten ausweicht. Bewegen Sie nun Ihren Oberkörper zum rechten Bein, zur Mitte und zum linken Bein. Halten Sie jede dieser Positionen für einige Sekunden.

B: Dehnung der inneren Oberschenkelmuskulatur und der Hüftbeugemuskulatur. Aus dem Stand mit abgespreizten Beinen stellen Sie die Arme vor sich auf dem Boden auf und legen die Beine in gebeugtem Zustand ab. Dann schieben Sie die Hüfte vor, bis Sie eine leichte Dehnspannung spüren.

C: Dehnung der inneren und der hinteren Oberschen-kelmuskulatur. Sie sitzen aufrecht, die Beine sind nach

außen gestreckt, die Hände hinter dem Gesäß aufgestellt. Schieben Sie nun das Becken nach vorne.

D: Dehnung der inneren und der hinteren Oberschen-kelmuskulatur und der Rückenmuskulatur. Aus der vor-herigen Position dehnen Sie sich nun abwechselnd zur rechten Seite, zur Mitte und zur linken Seite. Bewegen Sie dabei den Oberkörper nach vorne als würden Sie am Brustbein gezogen und schieben Sie gleichzeitig die Hüfte vor.

E: Dehnung der Gesäßmuskulatur, der äußeren Ober-schenkelmuskulatur und der Rückenmuskulatur. Sie sitzen mit gestreckten Beinen auf dem Boden. Stellen Sie das rechte Bein möglichst nah am Gesäß über das linke Bein. Drücken Sie dann das Knie mit dem linken Arm nach außen. Führen Sie anschließend die Übung zur anderen Seite aus.

Hauptteil

Der Hauptteil eines Kampfsporttrainings besteht aus zwei Phasen. In der Technik-Phase werden die Schläge, Stöße und Tritte einstudiert und in der Power-Phase deren kraftvoller Einsatz geübt.

Technik-Phase

Nachdem Sie Ihren Körper erwärmt und gestretcht haben, können Sie nun mit dem Üben der Techniken beginnen. In der Technik-Phase üben Sie die Schläge, Stöße und Tritte zuerst vor einem Spiegel langsam in die Luft und überprüfen dabei deren Ausführung anhand der Beschreibung in diesem Buch. Dann setzen Sie die Techniken schnell ein. Achten Sie darauf, dass Sie Ihre Deckung nicht fallen lassen.

Nach dem Training einzelner Techniken beginnen Sie mit dem Einstudieren einiger Kombinationen, die Sie später in der Power-Phase an Geräten anwenden. Überprüfen Sie sich auch hierbei, sowohl bei langsamer als auch bei schneller Ausführung.

Die Technik-Phase sollte 10–20 Minuten dauern.

Techniken einstudieren: Einsteiger in das Kampfsporttraining beginnen damit, eine Auswahl aus den Grundtechniken zu üben. Führen Sie diese nur in einem Bewegungsmaß aus, welches die Dehnbarkeit Ihrer Muskulatur zulässt. Setzen Sie beispielsweise keine hohen Tritte ein, wenn Ihr Körper noch nicht die dafür notwendige Beweglichkeit besitzt. Ansonsten riskieren Sie, sich zu verletzen. Nach einigen Wochen regelmäßigen Trainings werden Sie feststellen, dass Sie die Techniken problemlos höher ausführen können.

Geübte ergänzen Ihr Repertoire mit einigen der Techniken aus dem Kapitel für Fortgeschrittene und dem Kapitel für Sprungtechniken. Nur wenige Kampfsportler können alle der vorgestellten Schläge, Stöße und Tritte perfekt ausführen, da diese unterschiedlich hohe Anforderungen an Beweglichkeit, Koordination und Sprungkraft stellen. Perfektionieren Sie die Techniken ihrer Auswahl. Nur häufiges Training ermöglicht es Ihnen, diese auch im Kampf erfolgreich einzusetzen. Sie müssen jedoch auch die Ausführungen der Grundtechniken regelmäßig überprüfen, damit sich bei diesen keine Fehler »einschleichen«.

Kombinationen einstudieren: Wählen Sie Kombinationen von einzelnen Techniken aus, welche Sie bereits beherrschen. Neueinsteiger sollten deshalb in den ersten Trainingseinheiten auf Kombinationen verzichten und zuvor einzelne Techniken in die Luft und an Trainingsgeräten üben.

Die Kombinationen können Sie aus den Beispielen in diesem Buch auswählen. Fortgeschrittene können aber auch eigene Kombinationen einsetzen. Legen Sie drei Kombinationen je Trainingseinheit fest und trainieren Sie diese erst langsam und dann schnell in die Luft.

Auch professionelle Wettkämpfer lernen noch Kombinationen. Ihr Trainer trifft eine Auswahl, die abhängig von den Fähigkeiten des nächsten Gegners ist, und lässt diese bis zur Perfektion trainieren, so dass sie der Sportler im Kampf instinktiv anwenden kann.

Power-Phase

In der Power-Phase werden die Techniken und Kombinationen schnell im Schattenboxen und mit Krafteinsatz an Trainingsgeräten geübt. Ziel ist es, intensiv zu trainieren und sich dabei auszupowern. Setzen Sie hierfür Techniken und Kombinationen ein, die Sie in der vorherigen Phase einstudiert haben, damit Sie sich möglichst wenig auf die korrekte Ausführung konzentrieren müssen.

Erfahrene Sportler können in dieser Phase frei trainieren, d. h. die Techniken werden instinktiv ausgeführt. Dies wird auch in professionellen Muay-Thai-Camps in Thailand so gehandhabt, wo die Kämpfer frei im Schattenboxen und an den Trainingsgeräten üben. Der Trainer begutachtet den Sportler aber von Zeit zu Zeit und korrigiert auftretende Fehler. Ausgenommen hiervon ist die Vorbereitung auf einen Kampf. Der Sportler muss dann spezielle, auf den Gegner zugeschnittene Kombinationen einstudieren und im Schattenboxen, an Trainingsgeräten und beim Partnertraining einsetzen.

Trainingsinhalte: Üben Sie die Techniken und Kombinationen zuerst im Schattenboxen in die Luft, danach erst an den Trainingsgeräten Sandsack, Maisbirne, Speedball und Punchingball. Trainieren Sie mit einem Sportpartner zusammen, können Sie auch Pratzen- und Partnertraining ebenso wie Sparring in Ihr Programm integrieren. Steht Ihnen hingegen weder Trainingsgerät noch Trainingspartner zur Verfügung, üben Sie die Schläge, Stöße und Tritte ausschließlich in die Luft, was ähnlich in den verschiedenen Kampfsport-Aerobic-Versionen praktiziert wird.

Dauer: Dieser Trainingsabschnitt sollte eine Dauer von mindestens drei Runden beanspruchen, wobei jede Runde (entsprechend einem Wettkampf) drei Minuten lang ausgeführt wird. Sie können beispielsweise eine Runde Schattenboxen und dann zwei Runden am Sandsack trainieren.

Nach jeder Runde pausieren Sie zirka zwei Minuten, wobei Sie sich aber nicht hinsetzen, sondern Ihren Körper im Stehen etwas lockern, damit er nicht verkrampft. Diesen Trainingsabschnitt können Sie entsprechend Ihrem Leistungsvermögen erweitern. Professionelle Kämpfer in Thailand trainieren in diesem Abschnitt etwa zehn Minuten Schattenboxen und zirka je fünf Runden an Sandsack und Pratzen.

Kommandos: Damit Sie im Intensiv-Bereich trainieren können, benötigen Sie die Kommandos »Start«,

Ashley Judd beim Sandsacktraining. »...denn zum Küssen sind sie da (Kiss the Girls)«.

»Power« und »Pause«. Zu Beginn einer Runde ertönt das Kommando »Start«. Etwa 20 Sekunden vor Ende einer Runde wird mit dem Rufen von »Power« der Sportler dazu angetrieben, seine Reserven zu mobilisieren. Das Kommando »Pause« signalisiert dem Sportler dann die zweiminütigen Regenerationszeit. Zu Beginn einer neuen Runde ertönt schließlich wieder das Signal »Start«.

In dieser Art und Weise wird in professionellen Gyms trainiert, um die Sportler bis an ihre Leistungsgrenzen zu treiben. Als Alternative können Sie sich diese Kommandos auch auf eine Kassette oder CD sprechen und dann diese während des Trainings abspielen.

Training in die Luft (Schattenboxen): Im Schattenboxen trainieren Sie, als würde Ihnen ein realer Gegner gegenüberstehen. Attackieren Sie den Gegner mit einzelnen Techniken und Kombinationen und lösen Sie sich dann wieder von ihm. Stellen Sie sich vor, er würde Sie attackieren, und weichen Sie daraufhin zur Seite oder nach hinten aus. Nun können Sie wieder mit eigenen Techniken kontern.

Führen Sie dabei die Techniken schnell, aber nicht mit voller Kraft aus. Schlagen und treten Sie auch nicht bis zum vollen Bewegungsausschlag, um Ihre Gelenke zu schonen. Achten Sie jedoch trotzdem auf korrekte Bewegungsausführung.

Training an Geräten: Das Üben an Geräten ist die nächste Trainingsstufe. An diesen trainieren Sie die Techniken am Widerstand und entwickeln Kraft in der Ausführung. Gewöhnen Sie Ihren Körper langsam an die neuen Anforderungen und achten Sie darauf, dass Sie Ihr Handgelenk immer gerade und fixiert halten, um Verletzungen zu vermeiden.

Für das Gerätetraining gibt es eine Vielzahl von Variationen. Der Sandsack ist am vielseitigsten dafür nutzbar, Sie können an ihm alle Techniken trainieren. Bei den anderen Trainingsgeräten hingegen gibt es einige Einschränkungen. Die Maisbirne ist besonders geeignet für das Training von Aufwärtshaken. Außerdem können Sie an diesem Gerät alle Schlag-, Stoß- und Kicktechniken in Kopfhöhe ausführen, nicht jedoch solche in Körperhöhe. Am Speedball wird die Oberkörpermuskulatur mit koordinativen Übungen trainiert, ebenso wie Fußtechniken aus der Drehung und im Sprung. Der Punchingball bietet sich für das Üben von Ausweich- und Konterbewegungen an.

Training mit Partner: Das Pratzentraining kommt im Vergleich zum Training an Geräten einer realen Kampfsituation etwas näher. Es dient dazu, das Distanzgefühl zu verbessern und Timing für das Anwenden der Techniken im Kampf zu lernen. Sprechen Sie mit dem Partner das Training genau ab. Zuerst sollte der Pratzenhalter die Techniken bestimmen, indem er die Pratzen entsprechend hält und den Techniknamen ruft. Auch können Sie Kombinationen trainieren, die vorher abgesprochen wurden. Empfindet der Pratzenhalter die Technik als unangenehm hart, beispielsweise wenn er erheblich leichter ist als der Trainierende oder wenn die Pratzen sehr dünn sind, muss die Technik mit weniger Krafteinsatz ausgeübt werden. Es muss aber in jedem Fall auf eine korrekte Technikausführung geachtet werden.

Eine weitere Möglichkeit für das Üben von Techniken ist es, diese direkt am Partner anzuwenden. Sie können beispielsweise gegen seine Boxhandschuhinnenseiten schlagen. Er hält dazu seine Handfläche in Ihre Richtung, in Kopfhöhe weit vor dem Körper. Die Techniken und Kombinationen werden vorher abgesprochen und nicht mit voller Härte ausgeführt. Fortgeschrittene können so auch Verteidigungs- und Kontertaktiken am Partner trainieren (vgl. Delp 2002, »Thai-Boxen professional«).

Das Sparring dient dazu, den Wettkampf zu simulieren. Sie müssen dabei mit ihrem Sportpartner zusammenarbeiten und dürfen nicht versuchen, ihn hart zu treffen oder sogar zu verletzen. Deshalb werden üblicherweise die Techniken nicht mit voller Härte ausgeführt. Diese Trainingsform sollte nur von Fortgeschrittenen praktiziert werden.

Kombinationen

Mit Kombinationen lernen Sie die schnelle Ausführung von Techniken hintereinander. Im Kampf bleibt keine Zeit zu überlegen, welche Techniken Sie einsetzen können und wie sich diese miteinander kombinieren lassen. Sie werden nur die Techniken und Technikkombinationen nutzen, die Sie so oft geübt haben, dass Sie diese nun instinktiv einsetzen. In der Rundenpause kann Ihnen der Trainer

einige Tipps geben und Sie auf ihre Fehler ebenso wie die Fehler des Gegners aufmerksam machen. Es ergibt sich aber aus dem Kampfgeschehen heraus, welche Techniken einsetzbar sind.

Auch im professionellen Bereich werden, nachdem der Gegner bekannt ist und dessen Schwächen und Stärken analysiert sind, bestimmte Kombinationen und Handlungsmuster trainiert. Hat der Gegner beispielsweise einen harten geraden Schlag, übt ein Muay-Thai-Trainer seinen Schüler immer wieder in der Ausführung von Tritten und Kniestößen gegen die Seite des gegnerischen Schlagarmes. Der Trainer bewegt sich beispielsweise auf den Schüler zu und reißt plötzlich die Pratzen zur Seite hoch, wodurch er dem Schüler signalisiert, sofort zuzutreten.

Im Folgenden sind einige Kombinationen aufgezählt, die häufig in unterschiedlichen Kampfsportarten trainiert werden. Das Kürzel »l« steht für linke Seite, das Kürzel »r« für rechte Seite. Es wird hierbei davon ausgegangen, dass der Leser ein Linksausleger ist. Kämpfen Sie jedoch wie Giovanni in der Rechtsauslage, müssen Sie die Angaben seitenverdreht ausführen.

Der Autor beim Pratzentraining mit Oliver Glatow im Rangsit-Stadion, Bangkok 2000.

2 Schritte

1) Körperhaken (l), Seithaken zum Kopf (l)
2) Hintere Gerade (r), vordere Gerade (l)
3) Vordere Gerade (l), Aufwärtsellbogen (r)
4) Vorwärtstritt (l), Halbkreistritt (r)
5) Halbkreistritt zum Kopf (l), Halbkreistritt zum Kopf (r)
6) Halbkreistritt zum Körper (l), Vorwärtstritt zum Kopf (r)
7) Vorwärtstritt (l), gedrehter Hakentritt (r)
8) Seittritt (l), Rückwärtstritt im Sprung (r)
9) Axttritt (l), hintere Gerade (r)
10) Seittritt (l), gedrehter Hakentritt im Sprung (r)

A–C: Giovanni zeigt eine Dublette aus Körper- und Kopfhaken. Er befindet sich dabei in der Rechsauslage. Aus der Ausgangsstellung schlägt er mit seiner vorderen Hand einen Körperhaken und führt dann sofort mit dem gleiche Arm einen Seithaken zum Kopf aus.

A–C: Martin zeigt die Kombination von Axttritt und hinterer Geraden. Aus der Ausgangsstellung tritt er einen Axttritt mit dem vorderen Bein und folgt dann mit einer Geraden mit dem hinteren Arm.

3 Schritte

1) Vordere Gerade (l), hintere Gerade (r), vordere Gerade (l)

2) Vorwärtstritt (l), vordere Gerade (l), Halbkreistritt zum Bein (r)

3) Hintere Gerade (r), Seithaken (l), Aufwärtsellbogen (r)

4) Vordere Gerade (l), Seithaken (r), Aufwärtshaken (l)

5) Vordere Gerade (l), hintere Gerade (r), Knie aus der Distanz (r)

6) Beintritt (l), Halbkreistritt zum Kopf (l), hintere Gerade (r)

7) Axttritt (l), vordere Gerade (r), Seithaken (l)

8) Vorwärtstritt (l), Kniestoß aus Distanz (r), Ellbogenstoß im Sprung (r)

9) Vorwärtstritt (l), Halbkreistritt zum Kopf (r), Halbkreistritt zum Kopf (l)

10) Außenristtritt (l), Aufwärtshaken (r), vordere Gerade (l)

A–C: Der Autor zeigt eine Kombination aus Vorwärtstritt und zwei Halbkreistritten. Aus der Ausgangsstellung tritt er einen Vorwärtstritt mit dem vorderen Fuß. Dann führt er mit dem hinteren Fuß einen Halbkreistritt zum Kopf aus und beendet die Folge mit einem weiteren Halbkreistritt zum Kopf, für den er das andere Bein einsetzt.

A–E: Martin zeigt eine Kombination von Außenristtritt, Aufwärtshaken und vorderer Geraden. Aus der Ausgangsstellung verlagert er das Körpergewicht etwas nach hinten, um dann einen Tritt mit dem Außenrist auszuführen. So öffnet er die Deckung des Gegners und kann nun mit einem Aufwärtshaken folgen. Anschließend löst er sich vom Gegner, indem er eine vordere Gerade in der Rückwärtsbewegung ausführt.

4 Schritte

1) Vorwärtstritt (l), Beintritt (r), Halbkreistritt zum Körper (r), danach Trittbein vorne absetzen, Knie aus Distanz (l)

2) Vordere Gerade (l), hintere Gerade (r), Halbkreis tritt zum Kopf (r), Vorwärtstritt (l)

3) Halbkreistritt zum Körper (l), vordere Gerade (l), hintere Gerade (r), Halbkreistritt zum Kopf (r)

4) Vorwärtstritt (l), hintere Gerade (r), Knie aus Distanz (r), Seithaken (l)

5) Vordere Gerade (l), Hakentritt (l), Seittritt (l), Vorwärtstritt (r)

6) Vordere Gerade (l), hintere Gerade (r), Vorwärtstritt (l), gesprungener Rückwärtstritt (r)

7) Vordere Gerade (l), hintere Gerade (r), Tritt mit Fußinnenseite (l), gedrehter Hakentritt (r)

8) Vorwärtstritt (l), Knie aus Distanz (l), Seithaken (r), Aufwärtshaken (l)

9) Seittritt (l), vordere Gerade (l), hintere Gerade (r), Aufwärtshaken (l)

10) Hakentritt (l), vordere Gerade (l), hintere Gerade (r), Halbkreistritt (r)

A–E: Martin zeigt die Kombination von Halbkreistritt zum Körper, vorderer Geraden, hinter Geraden und Halbkreistritt zum Kopf. Aus der Ausgangsstellung tritt er mit dem vorderen Bein einen Halbkreistritt zum Körper. Sofort führt er eine vordere Gerade und dann eine hintere Gerade aus. Er beendet die Kombination mit einem Halbkreistritt zum Kopf, für den er das hintere Bein einsetzt.

Cool-Down

Die Cool-Down-Phase Ihres Trainings können Sie mit einigen Kräftigungsübungen beginnen. Das Training wird schließlich abgeschlossen mit einigen leichten Dehnübungen und dem Abwärmen des Körpers.

Muskelworkout

Durch die Schläge und Stöße gerade nach vorne, von der Seite oder von unten nach oben trainieren Sie insbesondere die Brustmuskulatur, die vordere Schultermuskulatur und die Innenrotatoren, weshalb Sie einige Ausgleichsübungen machen sollten. Sie können entweder spezielle Kräftigungs-Einheiten an kampfsportfreien Tagen ausführen oder einige Übungen in die Cool-Down-Phase Ihres Kampfsporttrainings integrieren.

Wenn Sie Kräftigungsübungen in die Kampfsport-Einheit integrieren, sollten Sie nach der Kraftausdauer-Methode trainieren, was bedeutet, das Sie 15–30 Wiederholungen je Satz ausführen. Der Einsatz der Muskelaufbau-Methode mit 8–10 Wiederholungen hingegen ist in dieser Phase nicht ratsam, da der Körper bereits ermüdet ist.

Als Kräftigungsübungen nach der Hauptphase sollten vorwiegend solche eingesetzt werden, die der Kräftigung der oberen Rückenmuskulatur und der Rumpfmuskulatur dienen (vgl. Delp 2002, »Bodytraining für Zuhause«)

Stretching

Am Ende Ihres Kampfsport-Trainingsprogramms dehnen Sie die beanspruchte Muskulatur noch einmal. Bewegen Sie sich dabei in keine extremen Dehnpositionen, da die Muskulatur ermüdet ist und deshalb zu Krämpfen neigt. Dehnen Sie sich auch nur in der ersten Dehnphase, erweitern Sie danach die Position nicht mehr. Das Stretching am Trainingsende dient dazu, Verspannungen zu lösen und zu verhindern, dass sich die Muskulatur verkürzt.

Abwärmen

Nach dem Training sollten Sie sich noch abwärmen, um die Muskulatur zu lockern. Außerdem hilft dies dem Körper, schneller zu regenerieren. Bewegen Sie sich dabei in einem langsamen Tempo für fünf bis zehn Minuten, ohne sich anzustrengen. Gut eignen sich hierfür Auslaufen (langsames Joggen) oder Radfahren mit geringer Intensität.

Giovanni ermüdet nach dem Training.

Filmographie

Deutscher Titel (engl. Titel): Hauptdarsteller mit Kampfszenen, Jahr

3 Engel für Charlie (Charlie´s Angels): Cameron Diaz, Lucy Liu, Drew Barrymore, 2000.

Angel Town (Angel Town): Olivier Gruner, 1989.

Blade 2 (Blade II): Wesley Snipes, Donnie Yen, 2002.

Bloodsport (Bloodsport): Jean-Claude van Damme, Bolo Yeung, 1988.

Daredevil (Daredevil): Ben Affleck, Jennifer Garner, 2002.

Deadly Revenge – Das Brooklyn Massaker (Out of Justice): Steven Seagal, 1990.

…denn zum Küssen sind sie da (Kiss the Girls): Ashley Judd, 1997.

Drunken Master (Drunken Master II): Jackie Chan, Anita Mui, 1994.

Hard to Kill (Hard to Kill): Steven Seagal, 1989.

Hero (Hero): Jet Li, Donnie Yen, Zhang Ziyi, 2003.

Iron Monkey (Iron Monkey): Donnie Yen, Rongguang Yu, 1993.

Karate Kid (The Karate Kid): Ralph Macchio, Pat Morita, 1984.

Karate Tiger 3 – Der Kickboxer (Kickboxer): Jean-Claude van Damme, Dennis Alexio, Michel Quissi, 1989.

Karate Tiger 4 (Best of the Best): Philip Rhee, Eric Roberts, 1989.

Kickboxer 2: Der Champ kehrt zurück (Kickboxer II: The Road Back): Sasha Mitchell, Michel Quissi 1991.

Kiss of the Dragon (Kiss of the Dragon): Jet Li, 2001.

Leon (Lionheart): Jean-Claude van Damme, Michel Quissi, Abdel Quissi, 1990.

Der Mann mit der Todeskralle (Enter the Dragon): Bruce Lee, Bob Wall, 1973.

Der Morgen stirbt nie (Tomorrow Never Dies): Michelle Yeoh, Pierce Brosnan, 1997.

Pakt der Wölfe (Le Pacte des Loupes): Marc Dacascos, 2001.

Passagier 57 (Passenger 57): Wesley Snipes, 1992.

Police Story 3: Supercop (Police Story III: Super Cop): Jackie Chan, Michelle Yeoh, 1992.

Powerman (Wheels on Meals): Jackie Chan, Sammo Hung, Yuen Biao, Benny Urquidez, 1984.

The Quest – Die Herausforderung (The Quest): Jean-Claude van Damme, Abdel Quissi, 1996.

Rocky (Rocky): Sylvester Stallone, Carl Weathers, 1976.

Rocky 3 – Das Auge des Tigers (Rocky III): Sylvester Stallone, Carl Weathers, Hulk Hogan, Mr. T, 1981.

Rocky 4 – Der Kampf des Jahrhunderts (Rocky IV): Sylvester Stallone, Carl Weathers, Dolph Lundgren, 1985.

Romeo Must Die (Romeo Must Die): Jet Li, Aaliyah, Russell Wong, 2000.

The Scorpion King (The Scorpion King): Dwayne »The Rock« Johnson, Kelly Hu, 2002.

Tiger & Dragon (Crouching Tiger, Hidden Dragon): Chow Yun-Fat, Michelle Yeoh, Zhang Ziyi 2000.

Die Todeskralle schlägt wieder zu (The Way of the Dragon): Bruce Lee, Chuck Norris, 1973.

The Tuxedo – Gefahr im Anzug (The Tuxedo): Jackie Chan, Jennifer Love Hewitt, 2002.

Literaturverzeichnis

Anderson, B: »Stretching – Dehnübungen, die den Körper geschmeidig und gesund erhalten«, München 1996.

Delp, C.: »Thai-Boxen basics«, Stuttgart 2001.

Delp, C: »Bodytraining für Zuhause«, Stuttgart 2002.

Delp, C.: »Thai-Boxen professional«, Stuttgart 2002.

Zaar, P.: »Kickboxen – Von den Grundlagen bis zum Hochleistungstraining«, Berlin 2000.

Darsteller

Christian Brell

Geb.: 1977

Kampfkunst: Freestyle-Karate (Artistik-Karate)

Wichtigste Titel: Weltmeister (2001), Europameister (2002, 2000, 1998), Weltcup-Sieger (1998, 1999, 2001, 2002), 8-facher Grandchampion.

Graduierungen: 3. DAN

www.g-ways.com

Giovanni Nurchi

Geb.: 1982

Kampfkunst: Kickboxen

Wichtigste Titel: Deutscher Meister (2002), Internationaler deutscher Meister (2000), Deutscher Meister Junioren (2000, 1998, 1997)

Trainer: Jörg Gottwald

Verein: Sportschule Hara (Köln)

Martin Albers

Geb.: 1975

Kampfkunst: Kickboxen

Wichtigste Titel: Weltmeister (1999), Europameister (2002, 2000, 1998)

Graduierungen: 2. DAN Kickboxen, 2. DAN Taekwon-Do, 1. DAN Ju-Jutsu

Trainer: Jochen Böckmann, Peter Zaar

Vereine: Sportschule Böckmann (Cloppenburg), Sport-Studio Baaden (Köln)

www.martin-albers.de

Steffen Bernhardt

Geb.: 1979

Kampfkunst: Freestyle-Karate (Artistik-Karate)

Wichtigste Titel: Weltcup-Sieger (2000), Combat World Open Sieger (2000), Deutscher Meister (2002)

Graduierungen: 2. DAN

www.g-ways.com

Alle Darsteller sind Mitglieder in der deutschen WAKO-Nationalmannschaft.

WAKO-Deutschland e.V.

Werner Soßna, Danziger Straße 13

91315 Höchstadt/Aisch

Über den Autor

Christoph Delp

Geb: 1974

Diplom-Betriebswirt

Kampfkunst: Muay Thai, Vollkontakt

Trainer für Muay Thai und Fitness

Trainerausbildung in Thailand von 1995–2001, Sieger im dafür notwendigen Muay-Thai-Kampf gegen einen professionellen thailändischen Sportler (Chumphon, 2001)

Wichtigste Publikationen: »Thai-Boxen professional 2002«, »Bodytraining für Zuhause« (2002), »Thai-Boxen basics« (2001).

Trainer: Ajaarn Somboon Tapina (ca. 70 pro-fights, Präsident Muay Thai Martial Arts Academy), Master Decha (149 pro-fights, Trainer zahlreicher Champions), Apideh Sit Hiran (gilt als bester Kämpfer des 20. Jahrhunderts), Master Chalee (dreifacher Lumpini-Champion).

www.muaythai.de

Der Fotograf:

Erwin Wenzel

Geb.: 1972

Fotografie-Ausbildung, Abschluss 1995

Lebt seit 1998 in Düsseldorf und arbeitet als freier Fotograf

www.erwinwenzel.de

represented by : *www.die-schwestern.com*

Bildverzeichnis